纺织服装高等教育“十二五”部委级规划教材

服装店面策划

FUZHUANG DIANMIAN CEHUA

顾朝辉 主编

東華大學出版社

内容简介

随着商品经济的发展和市场竞争的加剧，我国的服饰零售市场和商业格局发生了质的变化，这无疑给零售业的从业人员和将要从业的人员带来了巨大的挑战和压力。《服装店面策划》一书的编写目的是通过本内容的学习，让读者了解服装商业零售中店面策划的基本要领。在学习、理解服装店面策划的基本原理与运作技巧知识的基础上，初步具备开店的基本能力。《服装店面策划》涵盖了服装的基本分类、开店规划、店面选址的基本要求，服装店面策划中的环境设计、商品陈列、橱窗展示、商品管理、时装店人力资源管理及日常管理等知识内容，并附有实际操作范例。

本书理论结合实际专门针对现代品牌服装店面策划进行分析研究，以使读者深层次地理解店面策划的理论及实践体系，掌握其基本理论和方法。本书可作为服装专业高等教育的专用教材，也可作为服装品牌企划、设计、经营和管理等从业人员的业务参考指南。

图书在版编目（CIP）数据

服装店面策划/顾朝晖主编. —上海：东华大学出版社，2013.3

ISBN 978-7-5669-0232-0

Ⅰ.①服… Ⅱ.①顾… Ⅲ.①服装—商店—营销策划 Ⅳ.①F717.5

中国版本图书馆CIP数据核字（2013）第039962号

责任编辑 杜亚玲

封面设计 潘志远

服装店面策划

主编 顾朝晖

東華大學出版社出版发行

上海市延安西路1882号

邮政编码：200051

网址 http://www.dhupress.net

天猫旗舰店 http://dhdx.tmall.com

全国新华书店发行 昆山亭林印刷有限公司印刷

开本：787mm×1092mm 1/16 印张：12 字数：300千字

2013年3月第1版 2013年3月第1次印刷

ISBN 978-7-5669-0232-0/TS · 385

定价：29.50元

前　言

随着商品经济的发展和市场竞争的加剧，我国的服饰零售市场和商业格局发生了质的变化，这无疑给零售业的从业人员和将要从业的人员带来了巨大的挑战和压力。了解服装业发展的基本脉络和商业零售中店面策划的基本要领，认识服装店面策划在企业商品销售中的重要作用，深层次地理解店面策划的理论及实践体系，掌握服装店面策划的基本理论和方法，培养学生具备服装店面策划的基本能力是服装教学的重要环节。同时对提高服装品牌策划和市场运作能力，起到良好的支撑作用。因此，本书作为高等院校服装专业用教材，将对学生的知识面有一定的拓展性。

本书在编写时为了满足教材相关内容的需要，引用了一些图表和同行学者的观点，由于转录资料繁多，无法一一查证，在此特向原作者表示深切歉意和由衷感谢。

在当前服装教学改革中，此书谨作为抛砖引玉之用，期待其不断得到完善。

本书由西安工程大学顾朝晖、曲怡飞、许燕和泰山学院张中启编写。顾朝晖负责编写大纲和修改定稿。在编写过程中，西安工程大学张星教授也对本书的编写给予了大力支持，在此深表感谢！

顾朝晖

2013年4月于西安

前　言

目 录

第一章 绪 论

第一节 服 装

一、服装的定义

服装是穿于人体,起保护、防静电和装饰作用的制品,其同义词有“衣服”和“衣裳”。中国古代称“上衣下裳”。最广义的衣物除了躯干与四肢的遮蔽物之外,还包含了手部(手套)、脚部(鞋子、凉鞋、靴子)与头部(帽子)的遮蔽物。服装是一种带有工艺性的生活必需品,而且在一定程度上反映着国家、民族和时代的政治、经济、科学、文化、教育水平以及社会风尚面貌,是两个文明建设的必然内涵。

二、服装的分类

服装的种类很多,由于服装的基本形态、品种、用途、制作方法、原材料的不同,各类服装亦表现出不同的风格与特色,变化万千,十分丰富。不同的分类方法,导致我们平时对服装的称谓也不同。目前,大致有以下几种分类方法。

1. 根据服装的基本形态分类

依据服装的基本形态与造型结构进行分类,可归纳为体形型、样式型和混合型三种。

(1)体形型

体形型服装是指符合人体形状、结构的服装,起源于寒带地区。这类服装的一般穿着形式分为上装与下装两部分。上装与人体胸围、项颈、手臂的形态相适应;下装则符合于腰、臀、腿的形状,以裤型、裙型为主。体形型服装的裁剪、缝制较为严谨,注重 服装的轮廓造型和主体效果。如西服类多为体形型。

(2)样式型

样式型服装是以宽松、舒展的形式将衣料覆盖在人体上,是起源于热带地区的一种服装样式。这种服装不拘泥于人体的形态,较为自由随意,裁剪与缝制工艺以简单的平面效果为主。

(3)混合型

混合型结构的服装是寒带体形型和热带样式型综合、混合的形式,兼有两者的特点,剪裁采用简单的平面结构,但以人体为中心,基本的形态为长方形,如中国旗袍、日本和服等。

2. 根据服装的穿着组合分类

(1)整件装

上下两部分相连的服装,如连衣裙等因上装与下装相连,服装整体形态感强。

(2)套装

上衣与下装分开的衣着形式,有两件套、三件套、四件套。

(3)外套

穿在衣服最外层,有大衣、风衣、雨衣、披风等。

(4)背心

穿至上半身的无袖服装,通常短至腰、臀之间,为略贴身的造型。

(5)裙

遮盖下半身用的服装,有一步裙、A字裙、圆台裙、裙裤等,变化较多。

(6)裤

从腰部向下至臀部后分为裤腿的衣着形式,穿着行动方便,有长裤、短裤、中裤。

3. 根据服装用途分类

分为内衣和外衣两大类。内衣紧贴人体,起护体、保暖、整形的作用;外衣则由于穿着场所不同,用途各异,品种类别很多,又可分为:社交服、日常服、职业服、运动服、室内服、舞台服等。

4. 按服装面料与工艺制作分类

中式服装、西式服装、刺绣服装、呢绒服装、丝绸服装、棉布服装、毛皮服装、针织服装、羽绒服装等。

5. 按性别分类

有男装、女装。

6. 按年龄分类

成人服:有男服、女服、中老年人服之分。

儿童服:分婴儿服、幼童服、中童服、大童服、青少年服等。

7. 按民族分类

有中国民族服装和外国民族服装,如汉族服装、藏族服装、墨西哥服装、印第安服装等。

8. 按特殊功用分类

有耐热的消防服、高温作业服、不透水的潜水服、高空穿着的飞行服、宇航服、高山穿着的登山服等。

9. 按服装的厚薄和衬垫材料不同来分类

有单衣类、夹衣类、棉衣类、羽绒服、丝棉服等。

10. 按服装洗水效果来分类

有石磨洗、漂洗、普洗、砂洗、酵素洗、雪花洗服装等。

11. 按穿着季节分类

有春装、秋装、冬装、夏装。

三、服装的常用术语

1. 服装(garments,clothing,apparel)

穿于人体起保护和装饰作用的制品。

2. 服装(fashion)

在一定时间、空间内,为相当一部分人所接受的新颖入时的流行服装。

3. 成衣(ready-to-wear)

按照规定的尺寸，以批量生产方式制作的服装。

4. 定制服装(customermade)

根据个人量体尺寸单件裁剪制作完成的服装。

5. 毛呢服装(woolen garment)

由纯毛、毛混纺织物为面料制成的服装。

6. 棉布服装(cotton clothes)

由全棉、棉混纺织制成的服装。

7. 丝绸服装(silkgarment)

由天然丝、人造丝、合成丝织物制成的服装。

8. 化纤服装(chemicalfibergarment)

由各种化学纤维织物制成的服装。

9. 裘皮服装(furorleathergarment)

由裘皮或革皮制成的服装。

10. 羽绒服装(downgarment)

内充羽绒的服装。

11. 人造毛皮服装(artificialfurandleathergarment)

由天然或化学纤维仿各种毛皮的织物为面料制成的服装。

12. 男式服装

成年男子穿着的服装。

13. 女式服装

成年女子穿着的服装。

图 1 儿童服装

14. 儿童服装

适合儿童穿着的服装(图 1)。

15. 婴儿服装

适合周岁以内婴儿穿着的服装。

16. 西服(西装)

西式上衣。按钉钮扣不同，可分为单排扣西服、双排扣西服；按驳头不同，可分为平驳头西服、戗驳头西服等(图 2)。

17. 中山服(中山装)

根据孙中山先生曾穿着的立领、贴袋衣服的式样演变而成的上衣(图 3)。

18. 军便装

仿军服式样的上衣。

19. 青年服

立领、三开袋或三贴袋式样的上衣。

20. 茄克衫

衣长较短、宽胸围、紧袖口、紧下摆式样的上衣(图4)。

21. 猎装

原指打猎时穿着的服装,现在已发展为日常生活穿的多口袋、开背衩式样上衣,有短袖、长袖之分(图5)。

22. 衬衫

穿在内外上衣之间,也可单独穿用的上衣。男衬衫通常胸前有口袋,袖口有袖头(图6)。

23. 中西式上衣

中式、装袖的上衣。

24. 中式上衣

中式领,连袖的上衣,有单、夹之分。

25. 牛仔服

原美国西部牛仔穿的上衣,现在已发展为日常生活的上衣,多用坚固呢制作。主要有牛仔茄克衫、牛仔衬衫、牛仔背心(图7)。

图2 西服(西装)

图3 中山装

图4 茄克衫

图5 猎装

图 6 衬衫

图 7 牛仔服

图 8 防寒服

图 9 牛仔裤

26. 棉袄

内絮棉花、化纤棉、驼毛等保暖材料的上衣。有中式棉袄、中西式棉袄。

27. 防寒服

内絮化纤棉等保暖材料的上衣，款式不受限制(图 8)。

28. 背心(马甲、坎肩)

无袖上衣，可穿于内外衣之间，也可穿于外面，便于双手活动。主要有西服背心、棉背心、羽绒背心等品种。

29. 西裤

裤管有侧缝，穿着分前后，穿着时比较合体型。

30. 西短裤

工艺上与西裤基本相同，裤长在膝盖以上的短裤。

31. 中式裤

传统的大裤腰，无侧缝，无前后之分的裤。

32. 背带裤

有背带的裤。

33. 马裤

骑马时穿的裤腿收紧的裤。

34. 灯笼裤

裤管宽大、脚口收紧似灯笼的裤。

35. 裙裤

裤管外展，外观似裙的裤。

36. 牛仔裤

在美国拓荒时期，以帆布制成的坚牢工作裤所演变而来，现多用坚固呢制成的裤(图 9)。

37. 连衣裤

上衣与裤子相连接的服装。

38. 喇叭裤

裤腿呈喇叭状的裤。

39. **棉裤**

内絮棉花、化纤棉、驼毛等保暖材料的御寒裤。

40. **羽绒裤**

内充羽绒的御寒裤。

41. **连衣裙**

上衣下裙连成一件式的服装(图 10)。

图 10　连衣裙

42. **背心裙**

无领、无袖的背心状连裙装(图 11)。

图 11　背心裙

43. **斜裙**

由腰部至下摆斜向展开,呈“A”字形的裙。

44. **喇叭裙**

裙体上部与人体腰臀紧贴附,由臀线斜向下展开,形状如喇叭的裙。

45. **超短裙(迷你裙)**

一种下摆在大腿中部或以上的短裙。

46. **褶裙**

整个裙身由规则的褶形组成的裙。

47. **节裙(塔裙)**

裙体以多层次的横向多片剪接,外形如塔状的裙。

48. **筒裙(直裙)**

从腰开始自然垂落的筒状或管状裙。

49. **旗袍裙**

左右侧缝开衩的裙

50. **西服裙**

与西服上衣配套,通常采用收省、打褶等方法使裙体合身,长度在膝盖上下的裙。

51. **风雨衣**

防风防雨两用的单、夹长短外衣。

52. **风衣**

防风单、夹长短外衣。

53. **披风**

无袖、披在肩上的防风外衣。

54. **斗蓬**

有帽的披风。

55. **大衣**

为了防御风寒,穿在一般衣服外面的外衣,款式按

图 12 睡袍

图 13 夜礼服

流行时尚而变化。主要有毛呢大衣、棉大衣、羽绒大衣、裘皮大衣、革皮大衣、人造毛皮大衣等品种。

56. 旗袍

立领、右大襟，紧腰身，下摆开衩的中国传统女袍。

57. 睡袍

卧室内穿的宽松而较长的袍服(图 12)。

58. 睡衣裤

包含上衣和裤子的两件式睡衣。

59. 夜礼服

在夜间社交场合中，女士所穿的华丽裙服(图 13)。

60. 燕尾服

为男式在特定场合穿的礼服，前身短，后身如燕尾形，呈两片开衩。

61. 新娘装

源于欧美地区，新娘举行婚礼时穿的礼服(图 14)。

62. 职业服

行业人员从业时按规定穿着的具有标识性的服装。有邮电服、铁路服、海关服、海运服、民航服、税务服、交通监督服、工商管理服等。

63. 功能服

特殊行业人员工作时提供便利和保护人体的服装。有矿工服、炼钢服、石油工人服装、养路工作服装等。

图 14 婚纱

第二节 服装零售

一、服装零售业概述

（一）服装零售的定义

零售定义通常指将产品和服务出售给消费者，供其个人或家庭使用，从而增加产品和服务价值的一种商业活动。服装零售活动的产品主要包括服装及服饰配件等，是服装产业链连接消费者的终端，服装企业及上游厂商的经营活动通过零售环节实现市场价值。

（二）服装零售业的特点

（1）服务对象的广泛性

服装作为生活必需品与人们的生活息息相关，服装零售业的服务对象囊括了社会的各个阶层，且无论年龄、性别、贫富。同时，服装业作为时尚产业，与媒体、艺术活动、社交活动关系紧密。因此，服装零售对象的大量信息有待企业搜集和利用。

（2）服装零售的季节性和时间性

服装属于时尚类消费品，因此销售的季节性非常强，一年有四个季节的产品，销售周期短暂，需要企业拥有卓越的商品策划和研发能力、强有力的组织管理结构、行之有效的营销体系以及快速的市场信息反馈系统。

（3）市场的多样性

销售的旺季淡季、消费者的不同消费理念、品牌的交错定位、流行元素的潮起潮落等，使得整个服装零售市场瞬息万变、竞争激烈，怎样预测、制定和贯彻经营计划是服装零售企业面临的巨大挑战。

（三）服装零售货品的市场特征

1. 生命周期短

服装商品的设计制造通常是为了迎合即期需求，因此可销售的时间往往很短或是季节性的。在服装市场，时髦、质量与价格都是重要的参数，看准流行趋势和迅速将适销新品导入市场至关重要。

2. 变动性大

服装产品的需求多数是不稳定的、波动的，可能受到气候、影视娱乐热点等难以预测的变化的影响。

3. 可预测性低

由于服装商品需求的变动性大，对一段时间的总需求难以非常准确地预测。

4. 购买的冲动性高

服装商品的购买决定多发生在购买点，也就是说当购物者面对服装时是受到某种刺激而产生购买欲望的，因此尺寸、颜色等是否齐全对销售有着重要影响，大部分消费者如果遇到中意的款式断码或断色，一般会放弃购买。

二、服装零售的历史演变及未来趋势

改革开放20余年来，我国服装业日趋成熟。GDP的快速增长，使国内服装消费市场日渐扩大，良好的经济环境和潜在的需求备受海内外服装企业瞩目，成为兵家必争之地。

目前，我国绝大多数服装企业生产和零售呈分离状态，一类是扮演"加工者"角色的生产型企业，另一类是掌控销售渠道的品牌零售企业。一些拥有设计、生产和销售渠道的综合性企业正在努力通过品牌和信息化建设，保持和扩大市场份额，而迫于竞争压力和结构调整的需要，不少国内服装加工型企业开始由OEM向ODM或OBM等高附加值经营方向转型。

另一方面，国外服装品牌不断涌入国内市场。2006年3月，以Fast Fashion横扫欧洲的西班牙INDITEX集团ZARA品牌将战略触角延伸到了中国上海，公司的极速供应链居然得以神奇般地延续。ZARA产品从设计到进入零售市场(见图19)，反应最快时只需15天，而国内以快捷供应链著称的美特斯邦威集团有限公司，完成这一过程需要80天。凭着极富节奏的补货流程，消费者所订的货品，在48 ~ 72小时内即可从ZARA在西班牙的物流中心抵达上海门店。

捍卫这一"神话"的利器是什么？其实是ZARA（图15）所构建的零售信息系统，通过与业务流程的完美融合，打造企业出色的零售管理水平。

国内服装企业如何在零售市场竞争中保持传统渠道优势，积极参与国内外竞争，避免被ZARA、H&M等境外强势品牌蚕食，已成为国内服装品牌零售企业发展的重大课题。

图15　ZARA中国店

服装零售企业通过技术开发、品牌运作以及营销模式等方面的创新，能为企业建立竞争优势。但在信息化时代，服装零售企业竞争力和经济效益的提高，很大程度上依赖于企业的信息化建设，所以说，善用信息者堪称将才。进入 Internet 时代，随着计算机网络的普及，服装企业必须将经营运作建立在信息平台上，以零售信息化管理作为依托，加强服装零售信息的传递与反馈，快速响应市场变化并作出敏捷处置。

通过数字化管理手段实现高效率市场运作，将成为提高服装零售企业非价格竞争和核心竞争力的有效手段，同时也是服装零售企业“二次创业”，改变粗放型经营模式，以自主知识产权的服装品牌走向国内外市场的利器。

三、服装店分类

1. 专卖店

专卖店往往在城市的繁华街道上。开设专卖店所需的投资比较大，转让费和装修费比较高。专卖店租金是固定数额，和销售业绩没有关系，因此销售额越高，专卖店的利润越高。专卖店在经营品牌服装时，其品牌形象比较完整，资金回笼速度比较快，所以开设专卖店是品牌服装营销的有效方式也是招商的一种有效途径。

2. 专卖柜

专卖柜的面积较小，通常为 10 ~ 15 平方米。专卖柜销售的往往是一些价格较低的大众品牌。

3. 店中店

店中店的面积一般在 50 ~ 150 平方米。 店中店形式上受租赁方的统一管理；实质上采用独立收银、独立管理的模式，因此有别于边厅、中岛区等其他联销制的卖场。店中店的品牌风格强烈，更能体现品牌的完整文化和经营理念，店中店是推动品牌增加市场份额的最重要手段之一。

4. 边厅

边厅的面积一般在 20 ~ 100 平方米，其卖场位置比较有利，边厅中可设置灯箱、试衣室和储藏室。因边厅出样主要靠人台和高架出样；其单位面积销售额较高；并且一般是正装品牌或特定商场的高价位品牌的卖场位置。

5. 中岛区

中岛区卖场的面积较边厅小，20 ~ 40 平方米较为常见。 中岛区卖场一般无灯箱、储藏室及专用的试衣室，且出样效果较差，无高架，主要靠人台出样。另外，中岛区卖场的单位面积销售额较低，一般是成长性品牌的卖场位置。

6. 特卖场

特卖场的面积较大，通常占地几百平方米。 特卖场是一种在促销期间临时开设的卖场，往往设在人流量比较大的位置且设置比较简单，通常由一定数量的花车组成，能在较短的时间里取得较高的销售额。

第三节 我国服装主要生产及销售模式

一、我国服装工业的主要生产模式

1. 品牌服装生产

品牌服装是指具有一定市场认知度、形象较为完整并有一定商业信誉的服装产品的系统。通俗一点来说，就是以品牌理念经营的服装产品。服装的品牌首先是代表着服饰的某种属性和风格。它是一种价值和一种资产，也是一种文化。

2. 贴牌服装生产

指一家厂商根据另一家厂商的要求，为其生产产品和产品配件，亦称为定牌生产或授权贴牌生产。可代表委托其他厂商加工，也可代表转包合同加工，国内习惯称为协作生产。

3. “外发”加工生产

出口服装厂商因利润微薄，所以他们都是竭尽全力有单就接，常常因无力按时交货，只好找协作单位帮忙，将服装“外发”加工，就派生出一种新的小企业，也就是专门接外发服装来加工的企业。

4. 服装出口贸易

这类服装出口企业是专门承接国外服装订单的贸易企业。接到订单后，就外发或外包给各种服装生产企业进行加工，然后付给加工费或收购，再卖给国外客户。长期以来，外贸服装一直徘徊在没有品牌和专利优势、没有完善的销售网络、几乎没有附加值的三无状态。

二、我国服装的销售模式

1. 订单销售

订单销售也称期货销售，是销售商对服装公司现有的品种和款式下订单签合约，服装公司按交货日期发货，货到后销售商按约定时间付款的销售模式。外商则以来样订单为主，供样订货为辅。

2. 加盟销售

加盟销售是加盟商向服装品牌公司提出加盟申请，交纳约定加盟费，然后在加盟商所在地设立品牌专卖店，服装品牌公司按约定形式向加盟商发货，销售后加盟商按约定的期限和形式向服装品牌公司结算货款的销售模式。

3. 代理销售

代理销售是批发的一种特定形式。代理商向服装品牌公司申请在某一地区独家代理批发该品牌的代理权，大城市可按区设立代理商，代理商向服装品牌公司缴纳约定数额的资金，代理服装品牌公司在某区域的批发业务。

4. 国外代理商

随着“中国制造”在国外(特别是发展中国家)的影响越来越大,原来在中国订货的外商开始要求在其所在国做中国服装公司的品牌代理,这一新的形式出现,为我国服装品牌更快更多占领国际市场提供了良好的机会。

课后思考题

1. “服装”的定义是什么?
2. 服装可以按照那几种方式经行分类?大致可以分为几类?
3. 常见服装类型有哪些?大致分为几大类服装?每一类服装的特点是什么?
4. 简述服装零售业的定义及其特点?
5. 简述服装零售业的发展过程及其对其未来发展趋势的预测?
6. 服装店一般分为几类?

第二章 服装店的开店规划

第一节　开店前的市场调查

一、市场调查内容

1. 政治环境调查

政治环境调查包括政策、方针、方向、法规与法令。如工商法、广告法、商标法、环境保护法、反不正当竞争法、保护消费者权益法、反暴利法、税收条例、知识产权法以及有关各种企业性质的优惠政策。对于开服装店的店主来说,要了解个体企业、私营企业与合伙经营的有关政策。

2. 经济环境调查

经济环境调查包括消费者平均工资收入、服装消费所占的比例,城乡居民存款多少、消费水平与消费结构、各类服装的物价状况、各类服装原材料的物价状况、货币稳定情况等。价格调查还包括消费者对服装价格高低的态度,各类服装的最佳价位,影响服装价格变化的各种因素,新产品与替代产品的价格状况,各种不同定价方法对服装产品销售量的影响,各类服装的零售价、批发价、季节性和节日性折扣,消费者对各种服装的淘汰率等。

3. 街区文化调查

街区文化调查包括居民区各类消费者对服装流行趋势与款式变化的态度,各消费层次的教育程度与文化水平、职业构成与分布、宗教信仰、风俗习惯、人口规模、人口结构、家庭大小与构成、人口密度与人口迁移流动、结婚率、出生率与死亡率、中青年妇女的就业状况与生活条件、人们的价值观与审美观。

4. 购买需求调查

购买需求调查包括各类服装的现有和潜在的购买人数与阶层、大至的需求量、服装需求的变化趋势、消费者的购买水平;消费者的购买动机与欲望、影响消费者的购买因素、市场上哪些品牌比较受欢迎、消费者购买名牌服装主要原因有哪些;与自己服装店同等规模的其他服装店的经营状况(如经营品种、经营方法、服务特点、价格策略、利润情况与原因等)、同行业的竞争状况(如环境装修竞争、服务竞争、成本竞争、价格竞争、规模竞争、效率竞争)等。

5. 产品与技术调查

服装产品与技术的调查包括特定消费者对特定服装款式的评价、意见和改进要求,新上市服装款式的新功能和新用途及流行的可能性;调查研究推广新款式的应用领域和如何延长新款式的流行周期、市场新开发产品的上市速度及更替淘汰率;服装销售产品的包装情况(是否美观流行、轻便整洁与方便运输及吸引消费者的程度),服装的商标品牌情况(是否容易记、认读、上口、吉祥、诱人,具有情调等);还要调查可能协作服装加工厂的生产技术能力、经济状况、负债率及信誉情况、外协加工的成本、交货期等。

6. 行业竞争调查

行业竞争的调查,就是竞争对手与竞争产品的调查与分析,主要包括竞争对手的经济实力与技术实力、竞争对手的产品市场占有率、竞争对手的管理水平与营销策略、竞争对手的经营目标与发展战略、各竞争对手的抗衡关系,主要竞争对手销售店面的位置、交通条件与客流量、光顾店面的回头率、竞争对手新产品开发的速度、性能、包装、品牌、价格、规格系列、开发周期(即多长时间内开发多少款式)等。

7. 销售渠道调查

销售渠道调查包括零售店、代理商、批发市场和常年大用户(如大型工矿企业的劳动保护职业服及宾馆酒店职业服)。公司型服装店(员工主要有业务员和设计师组成的技术密集型服装店)尤其需要建立自己相对稳定的业务网络,包括各种服装使用客户网络、销售网点与联营货架等。

二、市场调查步骤

服装开店市场调查的全过程分为 3 个阶段。

1. 市场调查的准备阶段

开店前所进行的市场调查主要是通过收集与分析有关资料和信息,研究探讨同行业在市场营销中存在的不足与问题,做到“人无我有,人有我新,人新我廉,人廉我转”。准备阶段需要解决调查的目的、要求、范围和调查人员的安排等问题,制定一个可行有效的调查计划与时间规划。确定调查地点、调查方法、调查人数与次数和特定对象与阶层。

调查表的设计没有规定格式,根据调查方式的不同、提出问题的不同和调查内容的不同而有所区别。但总的来说,要简明扼要、主题突出和便于统计分析。简单的调查可通过行家咨询,虽不必设计表格,但要准备好咨询的提纲记在心里,以便提高调查的效率。

2. 市场调查的实施阶段

做好了市场调查的充分准备,就可以开始实施调查。首先要挑选调查人员并适当培训。调查人员需要具有一定的文化水平和实际工作经验,懂得一些调查理论和调查技术,会统计结果和懂得基本的服装专业与营销知识。最好是性格外向、形象良好、举止文明、善于言谈、思维敏捷、口齿伶俐、认真负责、具有克服困难的信心和勇气。如果开设小店,店主只需要在街区或居民区范围内调查;若规模较大,可委托专业人员进行调查。现场调查时,调查人员应按照事先规定的时间、地点、方法、内容进行调查和收集有关资料。

3. 市场调查的结果处理

调查实施过程完成后,调查者要把收集到的杂乱零散的资料和数据进行归类分析。以此为基础,统计归纳出调查结论。正规的市场调查报告一般内容有:调查过程概述、调查对象的基本情况、调查目的、调查结果的处理方法、调查结论总结与有关建议。

通过调查再确定服装开店的规模、选址、经营范围、服务对象、投入资金及店内外装修风格等。如果店主外聘编写调查报告人员时,可提出如下要求:内容紧凑、抓住主题、重点突出、客观求实、文字简练、观点明确、分析透彻、图文并茂、便于决策及具有可操作性等。

三、市场调查方法

1. 询问调查法

店主或调查员直接接触被调查对象，通过询问的方式收集服装有关信息的方法称为询问调查。它是由店主或调查员向有关的对象提出问题，以获得经营情报和资料的一种方法。询问法按接触方式不同可分为三种形式，即走访调查法、信访调查法和电话调查法。

走访调查法是店主或调查员面对面地对被调查对象提出有关问题，由被调查对象回答，调查者当场记录的一种询问法。一般情况下，走访获得的服装信息资料，回答率和真实性都较高，感性认识较强，能比较形象地感知势态。这种方法的不足之处是容易受调查人员的态度、情绪、语言等影响，产生一定的偏见和误解。

信访调查法是事先把精心设计好的问卷以信函的方式寄送给有关的被调查对象，请他（她）们填写后寄回店主的一种询问调查法。这种方式有很多优点，如被调查对象可以不受调查者外貌和情绪的影响，完全自由真实地填写自己的见解，并有充分的时间思考问题；另外，此法的优点还有扩大调查的覆盖面，调查总成本较低，节约时间。此法的缺点是，有些调查对象可能会认为事不关己，回答问题肤浅，问卷回收率难于控制。通常店主可采用配送优惠卡或有奖问答的方式提高问卷的回收率。

电话调查法是根据特定对象（如职业女性、企业家、高年级学生等）的抽样要求，用电话的方式调查询问意见和信息的一种询问调查法。服装店为了保持长期客户，增加感情联络，尽可能地建立一些电话联络网。这种方法的优点是能迅速及时地收集急需的信息资料，对有些不便于当面回答的问题，在电话调查中可能得到解决。这种方法的缺点是，由于通话时间不能太长，对问题的讨论不便深入，不能讨论较为复杂一些的问题。

2. 观察调查法

店主或调查员亲临所要调查的现场（如销售市场）进行实地调查，或在被调查者毫无察觉的情况下，对他（她）们的有关行为、反应进行调查统计的一种方法。观察法经常用来调研服装产品与穿着的外观、色彩、款式、面料、包装与客流量等。如一些服装店的店主会专门安排时间定期到其他商店的销售货架旁边，或专门到电影院门口、上下班时间的十字路口、繁华街区等地方，观察各种各样的消费者的穿着情况和新的流行信息，用于开发自己的产品。还可以利用亲自站柜台、参加各种订货会、展销会、流行发布会、设计大奖赛、学生毕业设计作品展等，观察并记录有价值的信息。

3. 实验调查法

先选择较小的范围，确定 1 ~ 2 个因素，并在一定控制条件下对影响服装销售的因素进行实际试验，然后对结果进行分析研究，进而在大范围推广的一种调查方法。试验调查法的应用比较广泛，一般每推出一个系列的服装款式都可以在小范围内进行试验，了解顾客对服装的款式、色彩、质量、包装、价格、陈列方式等因素的反应，然后决定是否大批量进货。试验法可以采取多种形式，如对连锁经营的服装店设试销店，一般服装店设试销货架以了解新产品对顾客的吸引力。

第二节　开店前的可行性研究与商业计划

一、开店前的可行性研究

开店前的可行性研究主要是从服装销售市场的现状了解所要销售产品的市场规模有多大，有多少竞争对手，竞争对手的发展状况，只有了解了这些情况，才可能判断开设服装店的选择是否正确，并做出正确的经营决策。

1. 市场规模分析

无论是初次踏入服装业的经营新手，还是已经有经验，想另外开辟新市场的经营者，在正式开办服装店前都必须预估市场的营业额大小以及现有开店者的市场占有率。在供大于求的市场环境下，消费者是决定市场规模大小的主要因素。因此在市场规模调查时，首先要找出主要的顾客群范围，进行消费者人数以及消费能力的分析。对于新开店者需要从基本的全国市场预测一步一步缩小调查到地区市场。对于已经有经验者，则可以直接特定区域市场（如女裤市场）对国际市场做调查评估，了解此产品在国际市场的占有率。对于中小投资者来说，重点分析当地特定区域的市场规模，因为只有具有一定规模的市场才可以进入市场。

市场占有率体现了市场竞争的激烈程度，如果主要竞争对手的市场占有率很高，那么要进入这个市场就很难。如果要开店，则要做好详细周全的营销策略，或者可以选择不在此地区开店和改变产品结构等方式。竞争对手的市场占有率直接关系到店铺的开设以及开设后的经营策略，是对竞争者调查的第一步。

2. 市场饱和度分析

是指对市场占有率、获得的利润等进行调查分析，来评估进入市场的合适时机。如果有条件的话，还有必要调查可能在数年内进入的潜在经营者，以确定所进入的市场是否仍有开店发展的空间。

通过对市场占有率以及竞争店数量的调查分析，可以初步确定市场的饱和度。对市场饱和度的分析关系到市场开发的许多方面。高饱和度的市场开发成本高，利润低；低饱和度的市场成本低，但顾客不稳定。市场饱和度还会影响到店面价位的高低和难易度。所以，在竞争对手市场占有率高而且市场饱和度高的情况下，会提高开店成本，也会使开店后的经营管理变得很难。如果要开店，要尽量避开这样的市场环境。但整体市场饱和度和特定区域市场的市场饱和度是有区别的，有时整体市场已经处于高饱和状态，可是某一个特定的区域市场却仍然没有达到饱和状态，还有较大的开店发展空间。而有时情况又恰好相反，在某一个特定的区域市场已经达到饱和状态，而整个市场却仍然未饱和，这时候就需要考虑选择另外一个区域市场开办服装店才有发展空间。

3. 竞争者分析

只要能赚钱，就有竞争者。这个恒古不变的道理在服装市场中表现得更为突出，如今的服装市场，处处都有竞争，有产品的竞争也有企业的竞争。所以竞争是每个服装店在考虑经营范围的时候或服装店开张营业之前就必须充分考虑的问题。同时，竞争因素对服装店制定市场经营策略有着重要的影响作用，因此，为了在今后的市场竞争中处于有利地位，要全面考虑开业后服装店所可能遇到的竞争，它们是直接竞争还是间接竞争（直接竞争指经营同类或类似服装产品的行业之间的竞争，间接竞争指经营种类不同但用途相同的服装产品的服装店之间的竞争）。如果对竞争对手没有调查清楚，宁可暂时不开业或暂缓开业。

顾客的购买力是有限的，他们花钱买了某种服装后，在一段时间内除了有特别的需要是不会再买同样的服装的。所以在开店前要调查竞争对手，以便确定自己所要开办服装店的类型和确定服装店的经营策略。此外，还应该对市场主流品牌和领导服装店进行调查分析，因为他们将对市场的发展方向产生很大的影响。

竞争者分析的主要内容如下：

① 经营业态；

② 经营品种和价格；

③ 服装店规模；

④ 占有的顾客层次；

⑤ 营业时间；

⑥ 服务态度；

⑦ 店面设计以及内部装潢；

⑧ 服装店评估；

⑨ 对服装店经营者的评估；

⑩ 服装店营业额、利润率、举办活动、社会影响等的调查。

市场构成的基本要素

市场构成要素是细分市场的基础。市场构成要素分为地理因素、人口因素、心理因素和行为因素四个方面。

（1）地理因素构成的市场

根据消费者所居住的地理位置划分市场，如国家（出口服装）、省（川派服装、豫派服装）、地区（南方服装、北方服装、江浙服装）、市县服装（上海服装、广州服装、哈尔滨服装、郑州服装）等。

根据人口密度划分市区（商业区、行政区、文化区、生活区），郊区（近郊、远郊），农村（富裕地区、贫穷地区）等。

根据气候条件划分市场，如寒带、温带、亚热带、热带等。气候还可以细分，如郑州地区春秋两季短，四季分明，干燥而多风少雨等。服装市场必须满足这些要求。

根据地区纬度不同来划分市场，如北方市场、中原市场、南方市场、西北市场。

（2）人口因素构成的市场

根据家庭构成来划分主体对象的市场。

根据人口特征及状况，如人口的性别、年龄、家庭收入、职业、种族、受教育程度、宗教信仰、社会阶层等划分市场。其中每一个因素又可进一步细分，如年龄可以细分成婴儿、儿童、青年、中年、老年。职业又可细分为工人、农民、职员、军人、艺术家、学者、教师、医生、学生等。

根据家庭收入及支出水平划分市场。有极品服装（如裘皮大衣）、高档服装、中高档服装、中低档服装、低档服装。不同的经济水平既决定生活方式，也决定消费方式。

（3）心理因素构成的市场

① 个性心理因素

对于小型服装店来说，对个体心理因素的把握是至关重要的。了解顾客的个体心理因素，是与顾客沟通、成交并“回头”的首要因素。

从生活形态可以分为简朴、随俗、时髦、奢华等。从社会交往上可分为内向、外向、热情、冷漠等。从个性上可分为保守、激进、节俭、奢侈、独立和依赖的类型等。

② 社会心理因素

社会心理即是指群体心理，它包括社会流行模式、风俗传统、伦理道德及其对人们心理的影响，媒体对服饰文化的参与以及企业对职业服的要求等。

（4）行为因素构成的市场

消费者的购买行为因素可分为四种类型。

① 复杂购买行为

消费者如果花较多时间和精力一次购买，并且了解同一产品不同品牌之间的差异，则会产生复杂的购买行为，尤其是在购买高档西服、大礼服、服装等具有强烈自我表现特点的服装时，则容易产生复杂的购买行为，款式、颜色、面料、价格、做工、设计、品质、知名度等都将同时作为购买的依据。

② 减少失调感的购买行为

是消费者对不经常购买，而且价格较贵，但认为品牌之间差异不是太大的产品所产生的一种购买心理。在购买前，一般会四处询问，对产品做尽可能多的了解，以免在购买后发现产品的某些缺陷时会感到心理失调或心理不平衡。

③ 习惯性购买行为

是消费者低度介入和品牌间没有什么差异情况下所进行的购买行为。此类商品一般价格低廉，购买频率较高，消费者只是因为熟悉某一品牌而购买。购买后一般不再核实评价。这类产品利用定价技巧刺激消费者购买，广告宣传时会突出一两个特点，以给消费者留下深刻印象。例如，具有各种特殊功能的内衣。

④ 寻求多样化的购买行为

有些品牌之间有明显不同，但因为价格不贵，消费者不会去花更多的精力通过反复比较再购买，而是经常更换品牌，追求多样化。

二、开店前的商业计划

开店前的商业计划是对整个开店程序的具体规划，其内容包括以下几个方面：

1. 总体经营计划

包括确定目标市场、服装店形象、经营目标、产品组合、商店规模、经营方式、产品采购方式等。

2. 人员计划

包括确定组织结构、管理队伍、员工以及人员培训、工作职责、业绩水平等。

3. 租赁装修计划

包括确定租或购买房屋计划、装修计划、资金预算等。

4. 经营管理计划

包括确定服务对象、经营方针、经营指标销售政策、采购政策、促销政策、人事政策、财务政策、卖场布置、开店营业的宣传等。

第三节 开办服装店的资金筹集

如若开店，就必须有开店资金。租用场地，装修店面，购买工具设备，员工工资等都需要投入。开店需要本钱，大本有大利，小本得小利，为起点尽可能高一些，立志想做大事业的朋友，必须学会筹资技巧，具备筹资能力。开店资金的筹集方法有以下三种形式。

一、个人积蓄的投资

对于开办小型服装店来说，首先考虑投入的资金就是自己的积蓄。由于这笔积蓄来之不易，有可能是经过多年的艰苦劳动所得，所以把自己的钱拿出来开办服装店需要一定的冒险精神。如果是独资经营，则全部风险要有独家承担。独资经营就是店铺归个人所有，店主完全可以按照自己的思路去运作业务，既不必考虑其他合伙人的看法和想法，也不用为其他投资者的分红利益负有责任。因此，独资开服装店，工作效率高，便于充分发挥店主的聪明才智。但独资开店往往没有充足的资金做周转，因此不必把自己的积蓄全部投入，可循序渐进，边干边追加投资。

二、借款投资开店

如果准备开店，而自己的资金又不够时，人们自然会想起向家人父母、兄弟姐妹或亲朋好友借款。这时就需要借款人把自己的经营计划、风险情况与利润情况尽可能详细地向他们介绍，让他们认为你的经营路子正确，具有创造经济效益的能力和加息还款的能力。借款人需要说明偿还借款的期限及能为他们的出借提供什么样的收益。

向私人借款，必须签订协议，签约《借款协议》的双方，必须具有相应的民事行为能力，借款人必须双方自愿，不可以欺诈、强迫、威胁手段或者乘人之危。协议的内容包括签约双方的姓名、地址、签约时间、借款的数额、符合法律规定的利息支付、还款期限、违约责任及解决办法等，必要时可注明抵押财产或其他保证条款。

为使签约协议具有法律效力，需到公证部门办理公证手续。公证部门会根据国家有关法律和规定，审查签约双方的民事行为能力，验明协议条款的合理性，依法证明所签协议的真实性与合法性，并赋予强制执行能力，以保护当事人双方的合法权益。

借贷双方在签书写协议时务必做到“清楚、完整、规范”，尽量使用碳素等不易消褪和更改的墨水书写，并将借款金额用大写注明，以避免日久出现不必要的纠纷。

三、通过合伙经营融资

开办服装店，如果自己的资金短缺，势单力薄，可以选择合伙人来共同经营。合伙经营一方面可以解决资金问题，另一方面又可以风险共担。由于经营利润由合伙人共同享有，每个合伙人都会积极主动地关心与参与共同经营的事业。“人多力量大”“众人拾柴火焰高”，这是合伙经营的有利因素。然而，“生意好做，伙计难和”，也是合伙人之间经常出现的问题。其主要原因是，在创业初期，没有一个具有法律效力的合同。同患难容易，共享乐不易。产生的利润分配不均，就会出现矛盾。职责不清，造成管理混乱，直到服装店关门倒闭，反而永远失去了朋友间的友谊与信誉。所以，事先讲明，签好合同，是合伙经营首先必须做的工作。

课后思考题

1. 开店前都应做哪些方面的准备？
2. 市场调查的具体内容及其调查的步骤？
3. 简述几种市场调查的方法及其调查时应该注意的细节。
4. 市场可行性研究的具体内容及其实施方案是什么？
5. 模拟制定一个店铺开店前的商业企划书。
6. 模拟制定一个店铺开店前的资金筹集方案，要求运用不同的资金筹集办法，一种或多种混合都行，其可行性要高。

第三章 服装店选址与开店准备

第一节 服装店选址

开服装店是眼下极受青睐的一种投资理财方式。找到一个理想的服装店面,你的开店事业也就等于成功了一半。那么,如何才能选好理想的服装店面?要为服装店选择一个合适的位置,需要考虑的因素很多,从经营项目及规模、地理位置、人口因素、外部环境,到广告因素、气候条件等,均须仔细斟酌。重点要考虑服装经营的特性、所面对的顾客群及交通通信条件。可见,选择店址并不是一件简单的事,要根据具体情况而定。店铺选址应考察的主要有:

一、店铺周围环境

环境的好坏有两种含义:一种含义是指店铺周围自然环境状况。比如有的店开在公共厕所旁或附近,不远处便是垃圾堆、臭水沟或店门外灰尘飞舞,或邻居是怪味溢发的化工厂,这便是恶劣的开店环境。当然,最繁华的路段不一定最好。另一种含义是市场竞争环境,假如该地区存在大量的相同店铺,可能会有两种情况:第一种情况是成行成市带旺了那一个区域。例如,电脑市场,若那里电脑店面云集,生意反而会更好做;另一种情况就是,附近的店铺会构成同行间的激烈竞争。例如,大家同样是百货商店,如果只相隔几米远,便会造成激烈的竞争。

二、交通条件

顾客到店后停车是否方便,货物运输是否方便,从其他地段到乘车点是否方便等。交通条件方便与否对店铺的销售有很大影响,只有交通便利,顾客才愿意光顾。一般来说,附近有汽车站或者顾客步行不到20分钟的路程可以到达的店铺是最好的。

三、周围设施对店铺的影响

有的店铺虽然开在城区干道旁,但干道两边的栅栏使生意大受影响。因此在选择临街铺面时,要充分注意这点。如何选择呢?典型街道有两种:一种是只有车道和人行道,车辆在机车路行驶,视线很自然能扫到街两边的铺面;行人在街边行走,很自然进入店铺。但街道宽度若超过30m,则有时反而不聚人气。据调查研究,街道为25m左右宽,最易形成人气和顾客潮。另一种典型街道:车道、自行车和人行道分别被隔开,其实这是一种封闭的交通,选择这种位置开店也不太好。

四、服务区域人口情况(包括年龄结构、职业性质等)

一般来讲,开店位置附近人口越多,越密集越好。人口比较集中,人口密度较高,则人们光顾店铺的频率相对较高,生意好做。在这类地区,各年龄层和社会阶层的人都有,会有较多的顾客,经营的服装款式或类型比较容易选择。而且,由于每天人口的流动量都很大,容易掌握每天的销售额,因此销售额不会骤起骤落,可以保证较稳定的收入。

五、目标顾客收入水准和消费习惯

在富人聚集的地段开设首饰店、高档服装店便是瞅准了目标顾客高收入这一特点。城市周边建设的各种商业别墅或有档次的小区,都是富人聚集的地方之一。

六、租金情况

对于开店者来说,租金当然是店铺一个不小的支出,一般来说,较繁华的商业区和闹市区,租金昂贵;较偏僻的地段,如近郊区,租金相对比较便宜。

不过不能单纯以这一个因素抉择。例如,香港中环地区的租金在香港是最贵的,但会计师楼和律师楼搬到上环去,生意则会一落千丈,因为会计师楼和律师楼讲究形象,设址在中环,格调就会高一级,租金昂贵不重要,如果能带来更大的生意,则完全是超值的。可见,选址时不能贪租金便宜而搬到冷落的地方。

七、潜在顾客情况

客流量大小是一个服装店成功的关键因素,客流包括现有客流和潜在客流,通常店址总是力图选在潜在客流最多、最集中的地点,以便多数人就近购买商品。但并不是说客流量大就可以了,如果仅仅是有客流量而无人真正购买商品,这样的选址也是不可取的。

第二节　开店准备

一、装修

开店之前,应根据服装店的风格找专业人士对店面进行装修。从测量、设计、选料、店铺装修、货架、货柜制作至开张大概需时 20 ~ 30 天。

二、员工招聘及培训

1. 员工招聘

可通过门口张贴招聘启事或报纸广告发布招聘信息,按照面试、复试、录用、培训、试用、正式聘用五个阶段招聘新员工。

2. 人员培训

在服装店开业前,需要对员工进行培训。培训人员包括店长、营业员,培训方式包括课堂学习及服装店实习。

3. 配货准备

为了使配货更准确、有效，服装店必须了解该地区服装市场资料、销售情况（款式、颜色、价格）、当地气候条件、服装店的开张时间、运输方式等，及时将货款和配货单发到服装公司，以便服装公司安排发货。

4. 准备用品

由于服装店铺所需用品繁多，开张前须准备以下用品，以免影响店铺运作。主要包括电话、传真机（或具上网功能的电脑）、打价码机、量尺、剪刀（小）、鸡毛掸、熨斗、收据簿、零钱、圆珠笔、笔记本、钉书机及书钉、VCD/ CD/音响、卡带、电视机（视具体情况）、挂衣勾、清洁用品、营业手续、合同及相关资料，并提前到有关部门办理开店营业手续。

课后思考题

1. 开设服装店前的准备工作有哪些？
2. 对于开店前周边环境的调查有哪些？
3. 如何掌握开店前周边居住人群情况及其对于潜在客户群体的调查？
4. 对于店面的硬件及其软件设施的准备工作有哪些？
5. 模拟制定一个店铺的前期准备工作的方案。

第四章 服装店的装饰与功能设计

第一节 服装店整体形象设计

在经济高速发展，服装品牌众多的商业环境中，消费者面对琳琅满目的商品，在先择中会不知所措、迷失方向。因此，服装店时尚、舒适的整体形象，是招揽顾客购买商品的重要手段之一。企业或商家试图通过服装店的形象传达给公众品牌的理念。商店形象往往可以影响到获得利润的高低。现代商店形象不仅是外观形象的视觉表现，还蕴含着生活哲学、处世态度等内在观念。

为了突出鲜明的品牌形象特质，商家努力营造自己的店铺气氛，既不能喧宾夺主，掩盖掉商品的特质，又要有能够吸引顾客的舒适环境。想要吸引消费者的购买欲望达到促进销售，就需要深入顾客的购物心理，研究商品及商品以外的其它因素，对购物环境、店铺形象、商品陈列等进行整体规划设计。

一、服装商业销售的形式

（一）服装的销售形式

（1）按消费者特征划分：男装店、女装店、童装店、孕妇服装店。

（2）按服装穿着划分：内衣店、服饰店、鞋帽店。

（3）按服装成品类型划分：高级成衣店、成衣店、定制加工店。

（4）按商品价格划分：顶级奢侈品牌店、高档服装店、中档服装店、低档服装店。

（5）按服装款式划分：西式服装店、中式服装店、其他地区特色服装店。

（6）按服装经营结构划分：综合商品店、单一商品店。

（7）按服装经营方式划分：单店经营店、连锁经营店、集团化经营店。

经营不同类型的服装，其整体的风格、展示形式，例如店内的陈设、道具、空间布局、灯光和色彩的运用、服装店的橱窗等，都会表现出不同的展示形象（见图16）。

图16 服装卖场展示形象示例

（二）目前的商业经营模式

1. 综合型商场

现代综合商场是由传统的百货商店发展而成的，

是一种综合性零售商店，它拥有深而广的商品线，是零售业的主流。这里主要指百货商场和购物中心。就服装而言，有男装、女装、童装、休闲装、职业装、运动装、内衣、针织品和皮革类等。综合商场提供多种可供选择的不同质量和价位的商品，通常就同一种类的服装提供几个不同的价格点，分布在同一商场的不同售货区（见图 17）。

图 17　综合型商场内服装卖场示例

2. 超级市场

超级市场是一种相对新型的零售方式，与综合商场相比，超级市场的服装类别以消费者经常重复购买的、适合开架自选的大众服装为主，如日常便装、休闲装、童装、针织内衣及家居服等。现在许多大型超市也力求产品的多样化，以稍低于市面价格销售一些品牌服装，同时可及时处理过季或打折的服装。

超级市场一般开设在居民区附近，租金相对便宜；消费者自助服务，需要的服务人员和服务设施较少；很多超级市场实行连锁经营，规模大，统一采购，成本较低。轻松的自选购物环境，较低的运营成本，商品的价格因而降低，提高了超级市场商品的竞争力。

3. 旗舰店（见图 18）

旗舰店是品牌零售店铺中面积最大的店铺，销售品牌产品类别最全，店内装修与陈设最具时尚和品牌文化的代表性，对同一品牌其他零售店铺具有示范效应。这一类型的店面经常把所经营品牌的产品类别组合在一起销售，使顾客购买某件服装时容易找到与之相配的服装。

图 18　服装旗舰店示例

4. 服装专营店

服装专营店是专业化经营服装的商店，与其他类型的商店相比，服装专营店只经营服装类产品，且不限于单一品牌的服装，产品线既不过于宽泛又不过于狭窄。服装专营店虽然只经营服装产品，但并不是经营所有的服装类别，往往只经营某一类型的服装及附属品，比如孕妇装

图 19　服装专营店示例

店、童装店、西装店、毛呢衣店、裤子店、婚纱店和牛仔装店等(见图 19)。

专营店经营的商品品种多样、规格齐全。专营店商品的多样性和专业性,使消费者有很大的选择空间,也使消费者能够迅速找到所需的商品。

专营店的经营成本相对较低,商品的价格也就具有竞争优势。同时,由于许多专营店也注重广告宣传和促销活动,使专营店有一定的忠诚顾客。

5. 折扣店

过季或者型号不全的商品集中售卖的店铺,并明确标注有“打折店”的说明,这类店面装修和装饰相对其他零售店要简单。

6. 概念店

以展示品牌(设计师)的最新设计作品为主,店铺设计体现个性和设计理念,代表品牌或产品的流行趋势。

7. 批发店

主要面对零售商、批发商以及少量零售顾客的空间,一般会位于相对集中的街区和商场,店铺内以展示和库房空间为主,一般不设计试衣间,店内装修设计比零售店相对简洁,店面可以做成开放式,可也以做成封闭式,店面突出品牌标识。

二、店铺整体形象创意目的

1. 创造优雅的购物环境

随着人们生活水平的提高,城市的规划设计、环境设计、室内设计逐渐受到人们的重视,并影响着人们的购物行为,优雅的环境成为影响人们选择购物地点的重要因素。服装店铺设计成为提升店铺形象和提供舒适购物环境的重要手段之一。

2. 突出品牌识别

服装店铺设计涉及空间形象的设计、室内装修设计、室内物理环境的设计、服装商品的陈列展示等。设计中要突出自我风格，拉开与友邻品牌形象的距离，强调创造性。

3. 展示服装流行新趋势

服装店的室内陈列和橱窗设计可以起到广告的作用。一般是把重点商品摆放在店内主要位置和橱窗进行展示，形成店铺的视觉重点，展示该品牌在新季度的流行主题。

4. 吸引消费者的注意

消费者的视觉或注意力就是商机。新颖和有创意的设计，视觉冲击力大，容易引起消费者的兴趣。好的设计在于创造良好的氛围，给顾客以愉悦的美感，激发顾客进店参观的欲望。

5. 塑造服装品牌或零售商形象

店铺的陈列和设计通过视觉语言传达品牌的理念和文化，是企业视觉识别中应用设计系统最重要的部分之一。

（二）店铺整体形象创意

设计创意是整个服装展示活动成败的关键，一个好的创意会使设计富有个性及特点，并且能够引导设计向正确的方向发展，最终达到预期的效果和目的（见图 20）。

1. 明确设计目标及主题定位

设计目标有两个含义。一是指设计对象的尺度和规模。比如大到服装博览会，小到一个服饰摊位的空间造型设计。二是指展示行为本身的空间构成形式。如：服装的陈列方式、照明和色彩的选择及细节设计等。

主题定位也存在两层含义。一是展示方原来规定的主题。二是在目标明确后，对具体活动的一个总体的设计思想，我们把它称为“设计概念”。设计概念形成阶段是把握和寻找特征的过程，也是设计者逐渐进入设计角色的过程。正是这个过程中，设计者从某一方面或几个方面产生设计的意念。不管意念是一个还是多个，它将决定用何种设计手法形成方案并控制设计发展方向，最终形成设计特色。各种不同的设计意念通过综合、取舍将构成设计思想的整体。

2. 同一主题的不同表达方式

主题的定位标志着设计进入创意阶段。对同一主题的不同表达方式的摸索是设计创意的途径。主题明确后的设计，围绕着设计理念展开，从不同的角度进行思考。如功能性的理念、环境性的理念、文化性的理念、影响性的理念等。

在同一主题中，理念并不一定是单一存在的。往往同一设计中有多个设计理念会同时起作用，形成设计发展的推动力。虽然理念的呈现表明设计意念已经具备了空间形象，但这一逐渐形成或顿悟的形象并不一定十分准确地表达了设计概念，它需

图 20 服装卖场设计创意示例

要进一步的推敲深化。另一方面，设计者还应把意象与初步了解的空间功能要求及限制条件相对照，尽可能让意象符合使用要求，从而为意象与功能使用和环境条件相结合奠定基础。这种深化和检验的过程，可能使意象更趋成熟和完善，也可能否定意象，重新回到寻求设计理念的阶段。这就需要对主题的表现进行各种探索，以求获得较为准确、合适的表达设计概念的意象。

3. 同一主题的不同视觉效果

在同一主题中，可能多重设计理念并存，这种情形下的设计意象不仅要较准确地表达设计理念，并且多重设计理念之间还必须具有协调性和整体性，以求总的设计概念的完整和完善。整个设计过程必须以主题为中心来考虑各个组成部分的形成、结构和细节。为了准确地表达设计概念，需尝试不同的方式和方法。把不同理念导致的各类意象在同一主题的前提下结合在一起，重点在于对我们所知的理念、材料的整理、推敲，去粗取精，找到适当的视觉语言。这一过程是创意的重要过程，在设计中显得极为重要，需要反复思考，剖析已知元素，以便确立最佳视觉效果。

4. 对概念性主题的再创造（见图21）

一个设计概念的确立，意味着为设计找到了发展方向和确立了设计的指导思想。但是它只是一个纯观念的思想模式，还仅仅是一个概念性的想法，处于只能用语言表达的状态，而且可能包含诸多的设计理念。尽管理念与意象两者处于大脑的思维状态，是脑中的概念或形象，但在大脑中，从理念到意象，思维形式已经发生了根本的变化。这时设计师已从最初的概念逻辑思维转化成形象思维。形象思维的目标在于，用某种恰当的或者令人激动的空间及实体形式表达意念。在这一过程中，设计师集中精力，调动才能，挖掘记忆，通过一定的思维模式，向理念目标进行思维冲击，并一步步逼近，直到一个使自己满意的平面形式空间造型跃现在脑海中，这时设计的立意过程已从理念飞跃到意象的阶段，实现了理念的形象转换。

图21　概念性主题再创造示例

三、店铺空间划分

空间的布置要讲究天（天花板）、地（地板）、中（天花板与地板之间）的合理运用与分割。服装店一般根据实际情况，运用隔断、柜台、吊架、天花、吊顶、灯光、地板、道具等元素将空间分割成一些区域。空间有垂直分割和水平分割两种，设计时要注意动线的安排，既有变化又有统一。

服装店不仅要提供服装展示陈列及仓储空间，而且要有消费者休息、员工休息、洽谈、更衣室等空间。根据用途和作用，店铺空间一般划分为商品空间、顾客空间、员工空间，这三个基本空间组合成店铺的空间格局。

（一）商品空间

商品空间是店铺中商品陈列和展示的空间场所。商品空间的设置有利于有效地向顾客展示商品，便于顾客挑选和购买。商品空间内商品展示的形式多种多样，如展示货架、柜台、展台等（见图 22）。

图 22　商品空间设计示例

一般中低档的服装店采取低价战略，以尽可能为顾客提供多的选择目的，店内商品空间相对较大，货架饱和度（以每平方米衣架数计算）也较高。

（二）顾客空间

顾客空间是指顾客参观店铺，在店内观看商品、选购商品的空间场所。现代营销观念更强调消费者的心理感受，为顾客提供充足的自由购物空间，自主选择。充足的顾客空间使顾客感到宽敞、轻松，反之会有压抑、拥挤的感觉。同时，设计中增强引导性因素参与店内销售行为，能隐性增强销售力度。

中高档服装店注重顾客的购物感受，主要向顾客传递、展示产品的风格和价值，店内顾客空间一般较大，货架饱和度也相对较低。

（三）员工空间

员工空间是指店员接待顾客以及从事相关工作所需要的空间场所。根据店铺不同的经营定位，店铺也存在不同的空间规划。根据经营的定位不同，有的店铺将顾客空间和员工空间合在一起，这样能够有效地利用空间，并增进员工与顾客的距离；有的店铺把员工空间和顾客空间分开，以保持顾客空间的独立性，为顾客购物提供良好的空间环境，也为员工开展日常工作提供便利。

四、店铺空间类型

（一）封闭空间

此类设计常用墙体或有色玻璃把临街的一面遮住，隔离性和私密性较好，与周围环境交流性差，不适于服装店采用。但经营高档服装或珠宝首饰的店铺，为了使顾客安静挑选，减少外界干扰，提供个性化的服务，会采用此类设计。

在封闭的综合商场中，要充分利用商场的建筑结构，如店内的墙壁、柱面和屋顶悬挂、吊置样品、装饰品、各类广告以及灯光、音响装置等，使得空间更加开阔、明亮和具有层次感。在展示面和商品陈列的规划上，尽量采用灯窗、人造景窗和镜面来扩大视觉，应增加空间的层次。

（二）开放空间

店面对街道开放或半开放，采用玻璃侧面，强调店内与店外环境的交流渗透，形象直观。一楼临街的大众休闲服装店或专卖店多采用此空间设计，便于与顾客交流。对于小型店铺来说，采用开放空间比采用封闭空间显得大，视觉效果更好。

（三）动态空间

利用机械化的设施、旋转地面、人台模特、道具和可调节的屏风等，形成丰富流畅的动态线条，引导顾客从“动”的角度观察环境，合理流动。此类设计适合于男女休闲专卖店或比较时尚前卫的品牌店。

（四）静态空间

此类设计在空间的分割上利用直线或水平线，装饰简洁，视觉转换平和，色调淡雅，给人安静高雅的感觉，适于档次较高的男女礼服专营店（见图 23）。

（五）虚拟空间

运用没有实体隔离的形态，借助家具、绿化、水体、色彩、人台、吊架等，靠形体本身的启示给人以联想。实体空间与非实体空间是连续的，如借助地毯、座椅等为顾客提供一个可休息的空间，强调店铺的特色。

图 23　静态空间设计示例

图 24　招牌设计示例

五、店铺整体空间设计

服装店面整体空间设计是对卖场空间、卖场环境、商品规划、灯光与装饰、招牌与广告等方面的综合运用、协调和统一。除上述物质因素，人的因素即店员的仪表与服务也是一个极其重要的方面。

（一）招牌设计

招牌对于形象传播十分重要，一个具有高度概括力和强烈吸引力的形象化标志，对顾客的视觉刺激和心理影响起着重要作用，不仅能给人以美的享受，而且还能吸引顾客、扩大销售，起到第一“推销员”的作用（见图 24）。

在现代服装品牌经营中，一个言简意赅、寓意清新、富有特色的名字是品牌最基本的标志。由于卖场不仅要促进销售，还要传播品牌，因此在设计中，要把招牌设计作为突出形象的第一手段，绝不能轻视和草率。

进行卖场招牌设计时应体现的原则：易

读、易记，突出、醒目；体现产品属性；传达品牌理念；富有寓意、启发联想。

（二）广告

这里的广告特指设置在卖场内、外的各种形式的广告，包括店内招贴广告、店外的招贴广告、电子告示牌、多媒体设备、卖场POP、价格牌等。

广告的基本作用是传播，使顾客产生特定行为或在一定条件下的预期行为的、具有说服力的商品信息。因此，广告规划从根本上讲是一种有关品牌推广和商品促销的宣传计划，它直接影响到品牌的知名度、商品的销售和企业的效益。

为了掌握广告规划的要旨，必须明确广告的属性，下面就其主要特点简单加以介绍。

所有的广告都有传达的功能。它能够将企业的名称、历史、经营理念以及品牌文化、品牌定位、商品价值、流行时尚等信息传达给顾客。

广告是使顾客认识商品及其销售活动的工具。顾客通过广告可以了解商品的质量、特点、产地、用途和价格，了解促销、折扣、赠品、活动、服务项目等信息。

（三）内部装饰设计

在店铺里摆放几盆鲜花，商品周围放置一些艺术品或在墙壁上悬挂服装画、艺术摄影等，都是为了美化卖场、装点环境、营造气氛而采用的装饰手段（见图25）。

店铺装饰是提升店铺形象，增强吸引力的一项重要工作，可以采用许多形式、性质不同的物品如花卉道具进行卖场的装饰，由此形成风格各异的卖场形象和环境氛围。

进行装饰规划最重要的一点就是要使装饰材料与商品风格相协调，装饰风格与品牌形象相统一，装饰情调与卖场环境相呼应，这样才能实现"锦上添花"的装饰效果。但要注意避免由于装饰过度而出现喧宾夺主，使顾客注意力分散。

图25　内部装饰设计示例

（四）店员形象

店员的仪表、举止、服务是卖场形象的重要组成部分。

首先，整齐一致的着装，会使进入卖场中的顾客对商店有一种管理规范、制度严谨的印象，使之对商店产生信任感和亲近感。同时，也会增强店员的团队意识，培养良好的职业素养，自觉成为商店和品牌的形象大使。

店服的面料、颜色、款式应与卖场风格相协调。

其次，店员在导购服务中，通过言行传达着企业与品牌的形象。心理学的研究结果表明：动作比表情更直接、真实。在与顾客的沟通中，店员应该注意通过行为给顾客以心理暗示。同时，要有意识地调整与顾客的距离和所处的位置，避免使顾客产生不自然的心理感受。

通过良好的导购服务，不仅可以使顾客得到应有的服务和满意的结果，而且会使顾客通过感受和体验形成对商店和品牌的良好印象。

服装店整体空间环境的创造，以实现商品的买卖、达到现场交易为目的。然而，今天的消费者走进卖场已不只满足于“商品的获得”，现代服装店铺空间环境具有四项基本功能：

（1）展示性。集中表现在商品展示、信息展示、功能展示、面貌展示等方面。

（2）服务性。提供物质的、情感的、售后的、休闲娱乐的服务。

（3）促销性。创造良好的购物环境氛围。

（4）文化性。体现物质文化、社会文化、企业文化。

第二节 空间设计

一、空间特征

合理的空间设计是每一名展示设计师的追求，空间造型设计在整个设计中起着“主角”的地位，空间规划好了之后就像一颗大树有了主干，以后我们就可以去为他添枝加叶了。空间就是“场”，场中的物体相互作用形成一个整体（见图26）。设计师必须按照人的心理、生理、功利等方面的需要进行合理的设计、创造，才能使各个空间具有特殊的意义。同一空间，摆上展架、展台、展品等则变成展示空间，但摆放一张床、衣柜、妆台等又变成居住空间。服装店面空间设计一大特点就是他是通过道具的造型、围合、布置，从而产生一定的形式，于是具有了特定意义。在设计空间的过程中，使视觉空间的形状、尺寸与人体尺度相协调，视觉空间得到充分利用的同时努力营造舒适、个性的心理空间，使展示空间设计符合人体机理空间的标准尺度。设计时要全盘、系统的考虑这几个因素，追求个性的同时考虑大众的感受。展示设计师主要考虑的是各柜体如何构成空间，空间如何形成一个统一的整体，如何形成自己的个性，这就要把握好统一性的问题。

另外，服装店面展示空间体现了很强的功能性，这种实用的功能性与纯艺术的空间创造不同，与一般的日常生活和工作学习的空间也有所差异。任何一个服装展示空间的设计都是为了某种目的去进行功能分区或局部组织，并利用一切有效手段，来构建或塑造能够充分传达展示信息的、富有艺术特性的视觉形式。

因此，如果就服装店面展示空间设计而言，不仅要充分研究其流动线路、时间分配和满足观看等基本特征，同时，也要细致分析观众活动、欣赏、购买等行为方式。随着服装展示主题的多元化、设施的多样化，展示空间更显现出丰富多变、自由组合的特征。

图 26 合理的空间设计示例

（一）四维空间特征

四维空间是指时间与空间的高度集合，是人在特定的时间中全面认知和感受展览空间，受特定时间的制约，在展览场内可观、可问、可触摸，全方位地去感受、去体验、去参与。

（二）空间构成特征

展示主题的多元性，展示性质的差异性，展示建筑环境、场馆、摊位、展品、设施以及各类形态要素的特殊与灵活性，构成空间多姿多彩的组合形式。同时，内空间与外空间相互延伸与沟通，个体空间与个体空间、个体空间与整体空间链条式穿插而形成持续序列空间特征。

（三）流动与开放特征

服装展示空间是以快速、准确的信息传播为目的，而服装展场是一个川流不息的空间，这就要求设计突出“人—物—环境”的直接感知与互动，形成一个时间与空间有机的组合体。

（四）群化功能与时效性特征

信息传达、营销、招引、沟通、欲望、激励以及生活娱乐与服务等功能的相融合，决定了群体化的空间组合与空间功能的多元化。

二、空间分类

服装店的展示根据营销管理的流程进行划分，一般可以划分为四个部分：导入区、营业区、服务区和后台管理区。

（一）导入区：店头、出入口、橱窗、POP海报、流水台。

现代是物质极大丰富的社会，服装越来越成为一种情感消费或体验消费的商品。消费者很容易受到品牌橱窗展示所传递的情景气氛的感染，出于某种感情或心理冲动而产生购买欲望。因此，专卖店导入部分是否吸引人，规划是否合理，将直接影响到消费者的进店率以及品牌的营销额。

导入部分位于卖场的最前端，是卖场中最先接触顾客的部分。它的功能是在第一时间告知消费者卖场产品的品牌特色，透露卖场内营销信息，以达到吸引顾客进入卖场的目的。

（1）店头：或称店眉，通常由品牌文字标识或 logo 图案组成。

（2）出入口：通常服装店的出入口是合二为一的。不同的服装品牌定位、风格、产品特点不同，其出入口的风格、大小和造型有很大差别。

（3）橱窗：橱窗是导入区的重要组成部分，通常由模特、图片、服饰品或其他陈列道具组成。橱窗以其直观的视觉效果，形象地传达品牌的风格、定位、设计理念、服装销售信息以及打折促销等信息。消费者对品牌产品是否有兴趣，是否有进入服装店的欲望，很大程度上是在看到橱窗后的几秒钟内决定的。因此橱窗设计的艺术性，包括色彩、灯光、材料、情节等设计是否新颖，直接关系到消费者对品牌的关注程度，影响顾客的进店率。

（4）流水台：流水台也称陈列桌，通常放在入口附近或店堂中心的显眼位置。有单独或 2 ~ 3 个高度不同的展台组合而成。通常用一些服装如服饰品组合造型来诠释品牌的风格、设计理念、重点推荐产品、应季畅销产品以及卖场的销售和促销等信息。在设有橱窗的服装店里，流水台起到与橱窗里外呼应的作用。在一些没有设立橱窗的服装店中，流水台往往承担起橱窗的展示功能（见图 27）。

（5）POP：POP 广告是许多广告形式中的一种，它是英文 Point of Purchase Advertising 的缩写，意思是“卖点广告”，简称 POP 广告。其主要商业用途是刺激引导消费，比较常见的是摆放在卖场出入口处或橱窗中，用图片和文字结合的形式传达品牌信息。

（二）营业区：服装展示陈列区域，包括各类货架和陈列道具

如果说导入区是品牌市场营销的序曲，营业区就是直接进行产品销售活动的主体区域，是服装店中的核心。营业区在卖场中所占的面积比例最大，涉及的展示要素也最多。营业区域规划的成功与否，直接影响到产品的销售。营业区主要由展柜、展架等各种展示道具组成。

营业区域通道设计要合理，具有一定的引导性，引导顾客进入卖场的每个角落，在主副通道的规划和配置上，“便捷”是要考虑的重要元素。因此服装店入口处的设计、营业区的通道设计都要充分考虑顾客的容易进入和通过，要留有合理的宽度，方便顾客到达每一个角落，避免产生卖场死角（见图 28）。

图 27　流水台设计示例

图 28　营业区域及通道设计示例

一般人流宽度按照 60cm，顾客在货架前停留或选购商品的距离大约为 45cm 左右，服装卖场中的主通道宽度通常是以两股人流正面交错走过的宽度而设定的，一般在 120cm 以上。最窄的顾客通道宽度不能小于 90cm。仅供员工通过的通道，至少也应保持 40cm 的宽度。卖场通道的设计还要考虑顾客在购物中停留的空间。一些重点的位置要留有相对宽敞的空间，因为销售的达成，不是靠顾客通过，而是靠顾客的停留。

（三）服务区：试衣区、收银台

服务区是为了更好地辅助卖场的销售活动，使顾客能更多地享受商品之外的超值服务。在市场竞争越来越激烈的今天，为顾客提供更好的服务，是赢得消费者的重要因素。服务区的设计规划也越来越多地受到品牌经营者的重视。服务区主要包括试衣区和收银台。

1. 试衣区

试衣区是为顾客提供试衣的区域。试衣区包括封闭或半封闭的试衣间，设在营业区的试衣镜周边区域。试衣间通常在销售区的深处和卖场的拐角，以避免造成卖场通道的堵塞。另外可以有导向性地让顾客穿过整个卖场，使顾客在去试衣间的路中，经过更多的产品展柜、展架，以便带来其他产品销售的可能性。

试衣镜作为试衣部分的重要配套物品，消费者是否购买一件服装，通常是在镜子前做出的决定。在营业区可多安装几面试衣镜，便于顾客观看试衣效果。试衣间的数量要根据卖场规模和品牌的定位具体而定。试衣间和试衣镜前要留有足够的空间。试衣间的空间尺寸根据品牌的定位不同有很大差别，越是高档的服装品牌，其消费者对试衣环境的舒适性要求越高。中档或低档品牌的试衣间也应保证顾客换衣时四肢可以舒适地伸展活动，一般来说长宽尺寸不少于 1m（见图 29）。

2. 收银台

收银台通常设立在卖场的后部，是顾客付款结算的地方。收银台的位置要考虑顾客的购物路线、空间规划的合理性。从市场营销的流程上看，收银台是顾客在卖场中购物活动的终点。但从品牌的服务角度看，收银台又是培养顾客忠诚度的起点。

图 29　试衣区设计示例

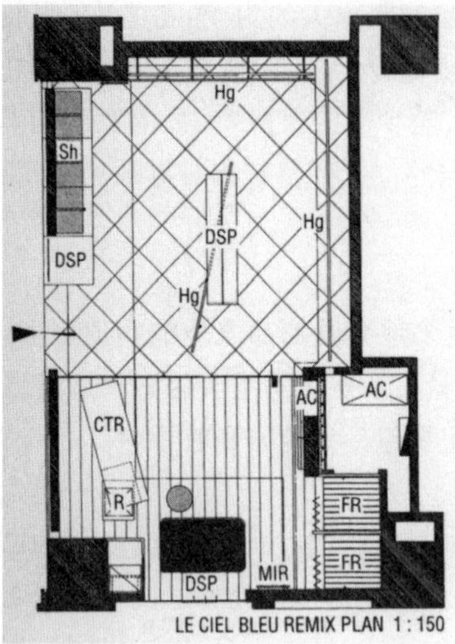

图 30 平面空间设计示例

（四）后台管理区：仓库、服务员休息区

后台管理区包括仓库和服务员休息区。无论是大型商业中心的服装专卖店还是街边立店，一般都会在卖场附近设仓库，存储少量产品。仓库的大小设置以及货品存储量的多少，主要依据服装店的每日营业销售情况和产品补货需要而决定。在营业面积小的服装店中，服务员休息区往往和仓库设置在一起。要注意相对的封闭性，尽量不要让消费者直观地看到这一区域。

三、平面规划

在服装店面设计中，平面空间设计是体现整个展示规模、区域划分和局部构成的蓝图，是进行后续各项设计工作的重要依据。

对平面空间的组织而言，经营的是平面，思考的是立面，构想的则是立体效果。平面空间确定后，如果在施工或布展过程中出现了诸如内容编排不合理、通道空间太挤、人流分布聚散失控等问题时，想要再做大的改动，是很困难的事。所以，对平面空间的设计规划、校对审核，应该倍加用心（见图 30）。

我们可以从空间配置、参观活动路线设定和平面空间计划来研讨平面空间的设计问题。

（一）服装店面的空间配置

服装店面展示设计的区域划分相当于总平面图设计，它通过对整个展示空间的规划，为各区域空间设计提供重要依据。

服装店面的空间配置是根据服装展示的目标和内容、主题等设计要求，合理地分配和经营店面的区域。它能为立面空间造型或陈列形式提供有效的、适合的空间配置关系。此外，还应该表现出主要的平面布局关系，如参观路线顺序、入口、通道、展具、照明方式以及光源位置等，需要标明方向、高差和重点部分的尺寸、工艺材料等。

从满足服装展示功能的要求出发，以达到突出展品、重点分明、整体统一、动线清晰、简洁、通透适度、虚实相宜的空间效果，给观众生动、美妙、鲜明、和谐的审美感受。

（二）服装空间的路线设计

参观路线在整体上是同区域划分和空间配置一并进行的。也就是说，在进行空间配置的同时，就决定了经过各区域空间的顺序和路径。一般参观路线不需要有严格的固定指向和时序性，大多采取短而便捷和灵活松动的线路，使顾客可以按照设计师的设计意图在店内顺利行走。

（三）平面空间布置方法

根据特定的空间形式、场地状况以及展品的性质和陈列方式，我们可以把前面介绍的平面空间构成形成转换为具体的平面空间的布置方法。

1. 中心布置法

中心布置法要求展示可四面观看，较为重要的服装展品，其平面往往可设计成正方形、圆形、半圆形、三角形等。

2. 散点布置法

散点布置法是中心布置法的发展，是将多个或多组四面观看的服饰展品布置在同一个展厅中而形成的平面类型。它们大小相近，参差有致，给人一种轻松活泼的氛围（见图 31）。

3. 网格布置法

网格布置法通常以标准服装摊位的形式出现，适合在宽敞的大空间里，严格按照网格构成方法，进行以摊位为基本单元规整布置。该形式同使用标准化、通用化的组合道具分不开。这种布置法是服装展销会的常用手法。

4. 临墙布置法

同单向型空间相似，是沿着空间围合界面不断延展布置的一种手法。通过横向路径的展开能产生一种单纯、清晰的观看路线（见图 32）。

5. 通道布置法

与双向型空间相似，但通道顶侧呈封闭或半封闭状态，可使线路明确，视感集中，便于表现一个完整的过程。通道内可通过光线的幽暗变幻给人以神秘的感觉，也可以通过辉煌的明亮灯光给人殿堂般的感受。但通道布展占地较多，造价也较高，不宜被一些小型展示所采用。

6. 悬浮布置法

该空间在垂直方向上采用悬吊结构，上层空间的底界面不是靠墙或柱子支撑，而是依靠吊杆或拉索悬吊，故有一种新鲜有趣的"悬浮"之感。由于底面没有支撑结构，因而可以保持视觉空间的通透完整、轻盈高爽，底层空间的利用也更加自由、灵活。

7. 混合布置法

一种综合布置的类型。一般情况下，一个展示活动单独运用一种方法进行布置的情况很少见，多数是以一种类型为主，兼有其他类型做补充的混合布置。

图 31　散点布置法示例

图 32　临墙布置法示例

在具体实施展示平面计划时，还应该注意以下五点问题：

（1）以整体设计原则为前提，拟订总体平面设计方案。调查相邻展位的设计风格，如空间构成形式、道具的造型等，以实现整体与局部之间的协调一致。

（2）功能空间配置与展品的陈列，应按总的平面规划次序以及展品本身的使用过程、生活流程和技术程序进行陈列（见图 33）。

（3）展品的陈列顺序应体现动线的主向，展场一般依顺时针方向陈列和组织观众参观。

（4）对将要采用的道具结构形式、展厅的立面空间形象、不同展示空间的对比和联系、重点展品的陈列做到胸有成竹。

（5）做好每天接待观众最高数额的预测。

图 33　展示平面设计示例

图 34　立体设计示例

四、立面设计

空间必须要有视觉阻隔，才会明显地感觉到有其形态，人们也会在这种视觉阻隔的限定下有“步步移，面面观”的景物感受。在展示空间中，立面形象正是这种视觉阻隔的最直接要素，它是最能充分引起视觉反映和体现展示造型特征的主体形态（见图 34）。

立面图并非是平面图的补充和进一步阐释，而是展示设计造型中极需创意性或想象力的环节。它以平面图为依据，但并非处在完全被动的位置，而是常常同平面图的设计交织进行，互为补充，相互统一。

立面空间设计必须以展示的内容、性质和平面空间布局及场所举架的高低为基本依据来进行造型。有的展示要求营造蔚为壮观、宏大辉煌的气氛；有的需要营造严肃庄重，具有震撼力的气氛；有的需要豁然开朗，洋洋洒洒；有的则需要轻松自如，率直明确。

立面空间造型的样式很多，不同形式的立面或造型，都会给人不同的视觉心理感受，这里，我们拟以几何形态的构成方法将其概括为以下一些类型。

（一）横向式空间造型

横向式空间是展示活动最常用的展示形式。在通常情况下，人的视线总是习惯地沿着一定的秩序或高度流动。横向式地陈列展品，同参观的“流向”运动相吻合，使观众通过线路的运行，有序地得到信息。横向空间强调水平线的延展，将展品陈设于人站立行走的最佳视域，给人亲和、自然、舒适的视觉感（见图 35）。在展示陈列中，展柜、展墙、展板是构成横向空间的最常用的道具，采用单向式或通道式的线形布置法，用于陈设时序性较强的展品，能给人以安稳、率直、平稳、祥和、舒展的感觉。

图 35 横向式空间造型示例

（二）纵向式空间造型

垂直型空间强化纵向的、由上至下或由下至上的视觉指向，常常被运用于进深大和举架高的空间里。例如，一个序列空间中最高潮的主体部分以及在展品陈列上部空间悬挂标志、标语、招贴、彩旗、彩灯等物象的形式，都是对这种空间形式的运用。在展示环境中，纵向型空间能造成强烈的吸引人视觉的效果，使顾客在很远就能获得视觉信息，并可随着进深的远近和垂直方向的高低得到不同的视觉心理感受。纵向型不宜用在进深小和举架低的空间里。进深较小，视觉不易看到较高的位置；顶棚高度太低，再往上部空间进行陈设，会使人感到压抑。纵向或空间多用于岛式或半岛式的平面布局中，通过中心式或景观式的陈列方法来展示展品，会给人以崇高、刚直、庄严之感，适宜正装的展销。

（三）三角形式空间造型

三角形是最稳定的形，具有稳重、向上、安定之感，是立面空间造型中常用的形态。三角形的三个边长的尺寸之变化会产生不同的视觉效应。例如，等边三角形由于三条边的长度相等，给人一种极其稳定的金字塔般的感受；对于等腰三角形而言，若加强其腰身的长度，会产生哥特式教堂的耸立、向上的势向；若缩短其腰身的长度，压低三角形的凸起高度，则会产生超稳定的视觉感受；如果倒向使用等腰三角形或改变三角形的等边、等腰状态，会产生不对称、力点向一角倾斜的势态，给人一种生动、异样的感受；若是将三角形倒置使用，则会完全打破其稳定状态，变成最不稳定的视觉形态。

（四）圆形式空间造型

圆形是展示空间中常使用的形态，具有丰满、柔和、亲切之特性，在表现形式上也颇为丰富。它既可是实心的盘状，也可是空心的圆环；可以是球体的正圆、椭圆，也可以是剖开的半球形；可以是二维平面的，也可以是三维立体的。这些各自不同的形态用于立面造型中，具有丰富多样的视觉效果。特别是立体状的球形空间，不仅具有从多个角度均能观看的良好界面，同时

图 36　圆形式空间造型示例

也能营造一种科幻般的气氛（见图 36）。

（五）曲线式空间造型

曲线是富有柔性和弹性的线，具有运动、变化的特征。运用在展示立面空间造型中，可产生活泼、轻快、自由、生动的效果，给人以柔和、轻盈、优美的感受。曲线也会呈现出不同的性格。例如，平缓的曲线给人亲和、舒适感；突兀起伏的曲线给人流动、动荡感等。利用曲线可强化横向空间的流动性，使其节奏明确，韵律流畅，避免形象枯燥和呆板；也可以调节竖直空间造成的冷峻、严厉的气氛，增加其优美和抒情感。

在立面空间设计时，以上各种立面形式的运用不是孤立的，而是相互交叉、互为使用的。但在整体上，每一立面应以一种或两种形式为主要形态，避免各种形式的过多交叉使用而造成杂乱无章、主次无序的视觉效果。

第三节　店面设计

人们把商店的外部形象称作店面、门面，又称店首、店头。作为商店的脸面，店面往往是人们最为注意的外在表现重点。在商店林立的闹市区里，店面就更有必要以自身的魅力吸引顾客。

店面设计必须因地制宜，由于它属于商业中心整体规划甚至城市形象规划的一部分，因此必须考虑与环境的协调性和对商圈的适合性。此外，店面设计的最终目的是创造自我形象，因此，要突出个性，给人良好的印象。

一、外观设计

品牌对商场形象的选择极其重要，因为它直接影响着品牌的生存和发展，所以，服装品牌在规划其卖场外部环境时必然用尽心机，以达到所期望的效果，在当今世界，商品的知名度与时髦性是创造附加价值的关键，而外部形象规划恰恰是引导社会审美趋势的重要手段，建筑能以巨大的形象发挥其独特的效果，能代表企业的实力，起到招揽顾客的作用，事实上，因建筑形象独特而扬名海外的佳作的确不少。

外部形象的规划不仅仅包括建筑材料、立面形式、比例、色彩等外型因素，更重要的是强调人的参与意识。繁华的商业区是品牌巨头入驻的首选，一是考虑它的客流量，二是优越的外部环境能体现品牌的档次，增加名牌效应，使品牌的王者气度更加突出，著名品牌花费多少精力和资金在品牌的宣传上，是常人所不能预料的，更何况是店铺的外部形象。当然，建筑的气势，装饰的华丽程度，运用的高科技手段都是表现惟我独尊的有效办法。但是，怎样让顾客记住自己才是首要的，从心理学的原理看，人对事物的记忆与所见对象的鲜明程度和独特性有很大关系（见图37）。

图37 店面外观设计示例

二、色彩设计

色彩是显现店面形象和体现品牌性格的重要方面。选择店面色彩时，既要考虑环境因素，又要展现店面自我形象。色彩往往在对比中产生效果，若环境色彩浓重，则颜色淡雅的店面也能得到突出，但在店面的重点部位，如人口、店徽、招牌、旗幌等处可做鲜艳的纯色处理，起到画龙点睛的作用。

三、材质选择

建筑装饰材料是丰富店面造型、赋予店面气质的重要造型语言。不同材料由于材质的差异，其质感和装饰效果很不相同。有些材质朴素自然，有些高贵华丽，有些原始粗犷。设计人员要善于运用材料的质感及不同材料质感的对比对人心理感受的作用，使材料同商店的内涵与形象气质吻合。材料的运用要着重对比，如店面常用大理石、花岗岩和人造石材与玻璃、不锈钢材形成对比，以表现现代感与豪华感，从而让店面产生虚实、软硬、温冷等不同表现特性。

四、品牌形象

服装的商标标识及店名构成的招牌，可作为一种符号用于促销，很多时候用商标标识的图形及色彩便能确定店面的大体面积，赋予商店形象以独特魅力。店面的广告标识是最有效的直观宣传，如同设计师品牌和名人品牌，商店也可以用店名注册品牌（见图38）。

知名服装品牌的商标标识就像是消费者的向导，例如，阿玛尼、迪奥、普拉达的商标标识，早已在消费者的心目中留下深深的印象，具有号召顾客的优势，它在招牌上的出现更多的是一种炫耀。利用品牌标志形象来设计店面，能刺激并加深消费者对品牌的印象，使品牌形象得到强化，是一种简洁有效的设计手法。招牌的形状轮廓要别出心裁，主动吸引人们的视线，颜色要醒目，明度、亮度要适中，字体的大小、体式、行距、字距、颜色、疏密、变化要合理大胆，要有新意，一般简介或说明文字的行距要大于字距，行距与字距之比通常要根据内容需要选用适合的字体，为了强调或突出某些词句，可使这些词句的字体或颜色同其他文字有区别，或者采用加大字体。

图 38 店面品牌形象设计示例

图 39 店面照明设计示例 1

五、店面的照明

照明是较易改变的店面形象元素，在晚上巧妙地运用照明会给店面带来绝妙的生机。照明的表现方式通常有以下几种。

（一）引人注目的照明方法（见图39）

（1）从邻近商店把店面装修部分照得明亮；

（2）利用彩色灯光；

（3）以开关或调光器使照明变化；

（4）设置有特征的电气标志或招牌灯。

（二）使过路人停留浏览商品的照明方法

（1）依靠强光使商品显眼；

（2）强调商品的立体感、光泽感、材料质感和色彩感；

（3）利用装饰的灯具以引入注目；

（4）使照明状态变化；

（5）利用彩色灯光，使商品和展示显眼。

（三）吸引顾客进入商店的照明方法

（1）从商店的入口看进去的深处正面采用明亮的照明；

（2）把深处正面的墙面陈列作为第二橱窗来考虑，照得要明亮；

（3）沿主要通路的地面做成明暗相间的图案，表示出韵律感；

（4）沿主要通路的墙面照度要均匀而特别明亮；

（5）沿着主要通路的墙面做成明暗相间的图案，表现出垂直面的韵律感；

（6）在重要的地方设置醒目的装饰用灯具。

（四）使顾客在店内能顺利走动的照明方法（见图40）

（1）改变一般照明的灯具种类和配置；

（2）售货处和主要通道照明，要研究其照明效果，使之有变化；

（3）售货处设置华盖、柱饰等内部装饰时要把照明一同考虑；

（4）用特殊设计的灯具，设置脚光照明，使走动时有安全感；

（5）以光线划分售货处的不同区域。

（五）使商品易被顾客看到的照明方法

（1）一般照明以格片等来遮挡光线，使灯具不显眼；

（2）重点照明的场合，中央陈列部分用聚光灯；

（六）眼睛不疲劳的照明方法

（1）采用眩光少的一般照明；

（2）重点照明不仅要考虑照射方向和角度，还要考虑它的反射光；

（3）为了重点照明，用强光向商品照射时，光源要充分遮挡以防止眩光；

图 40 店面照明设计示例 2

（4）装饰用灯具不可兼作一般照明和重点照明；

（5）采用背景照明方式，即照明器组合式照明；使朝下方向的配光多一点，把商品照射得亮一些；使朝上方向也漏出一点光，以改善顶棚面的阴暗；有时也不一定采用上述形式，可把顶棚吊下，也可得到同样效果；

（6）提高墙面照度，使商店有明亮的感觉；

（7）以荧光灯等聚光型灯具对墙面和隅角照明，有时也有效果。

（七）橱窗照明

对于橱窗的亮度和过路人被吸引停留的比率，经过调查显示橱窗愈光亮则引起注目的人愈多。

第四节 店内设计

服装店面展示设计中，应当充分认识店内空间设计的推陈出新所能产生的促销力量，在商品之外为顾客塑造全方位的感官体验，这也是当今服装店面展示设计中流行的新理念。

一、空间布局

（一）空间布局类型

消费者购物一般都会把卖场体验添加到购买行为中，合理的空间布局和结构设计将会对销售活动起到促进作用。布局设计必须合理、顺畅、引导性强，方便店内人们的流动，尽可能有效地利用可获得的销售空间，使所有的商品能够有效地向顾客展示。

简单地说，店铺布局就是要将整个店铺空间划分为具体的不同功能的区域。销售区占用了店铺内的主要空间，其余的都是非销售功能的区域，如收银台、办公室、试衣间、库房等。

根据商店类型、商品分类、数量和销售方式的不同，零售商采用的大多数布局设计都基于三种常见的布局设计：格子模式、自由流动和精品店。

1. 格子模式布局

格子模式布局通常被超市采用，这种布局包含了很多平行排列的货架，这些货架形成许多过道，顾客进入过道往往受限于两边，对购物路线的选择有限。

这种布局的空间利用率很高，可以提供大量的商品，而且还可以实现标准化货架和降低有效成本。顾客对路线选择的有限性，实现了对人流的高程度控制，商品也实现了对顾客的高曝光率。当顾客以一种指定的方向而不是随机的路线在商店中走动时，高空间利用率和可预测的购物路线也形成了潜在的高人流容量。

格子模式布局的高效率也有消极的一面。这种设计限制了顾客的行动自由，使顾客浏览商品时感到不舒服。同时，顾客和员工的接触也较少，零售商很难有效地为顾客提供个性化的服务和促销，而且顾客在商店中的体验也极其有限。

2. 自由流动布局

自由流动布局是典型的街头店铺设计形式，尤其适用于服装店。它组合采用了不同的货架，以充分展示商品，并拥有让顾客自由地在店内走动的空间。

与格子模式布局相比，顾客能够通过许多不同的路线进入商店的所有区域。大面积的开放空间和多样的购物路线大大提高了消费者的购物体验；员工利用与购物者的近距离沟通，把握顾客需求，可以向顾客提供个性化的服务，使人员推销等行为变得容易而有效。

商店提供个性化服务和购物体验的同时，也降低了效率。大面积的开放空间，也导致了空间利用率低。顾客更高的行动自由，限制了零售商对人流的控制能力，也使人流容量比较有限，潜在地降低了商品的曝光水平，即商店不能保证顾客能真正看到某个展示区域。

这种布局对追求商店购物体验而非效率的零售商非常适合，他们通常只向顾客提供有限的商品类别，消费者在做购买决策时需要较多时间。

3. 精品店布局

精品店布局的设计风格介于格子模式和自由流动布局之间，也被称为“店中店”。这种设计是把店铺空间分割成不同的销售区域，在每个区域中通过货架，适当地展示特殊分类的商品。综合商场或购物中心往往采用这种布局。

精品店布局没有自由流动布局的开放程度高，但其开放空间存在于各销售区域之间。同时，与格子模式相比，更容易为顾客提供服务和进行人员推销。有效成本和商品分类的曝光率根据各区域设计的不同而不同，即有限的开放空间和标准货架的组合，导致了低有效成本和高商品曝光率。从某种意义上讲，这种布局是商品体验和效率的折中，倾向于适中的空间利用率、人流控制和人流容量。

现代综合商场逐步把精品店布局发展成为"跑道"形式。商店被设计成购物者沿着一条固定的路线绕着商店前进,但在这条线路中有许多中途分道点,以便顾客进入各个销售区域。

随着零售布局的不断创新,在规划中逐步将三种布局结合起来运用。服装店铺根据经营面积大小和经营定位而采用不同的布局。常见的有沿墙直线陈列或沿有规律的斜线布局(如"之"字形),类似于把格子模式和精品店布局结合起来,但整个店铺的布置形成一个U形通道,便于顾客看到所有展示的墙面,所有的服装。目前,大多数服装店采用自由型布局,用马蹄形、圆形、正方形或三角形的通道把店铺分割成不同区域。

服装店为了促销,或为给顾客造成视觉冲击和新鲜感,经常会根据不同季节或不同货品,及时灵活调整店铺布局。

(二)顾客通道设计

顾客通道的设计与店铺的布局形式有着紧密的联系,店铺布局影响着通道的设计。顾客通道是否顺畅,宽度是否合适,对顾客流向和容量起着重要作用,并对顾客是否决定进店也有直接影响。

主通道是店铺内顾客流动的主要通道。一般来说,主通道应该以店铺主入口为起点。不同规模的店铺应当选择不同形状的主通道,对于小型店铺而言,由于店铺空间较小,一般设计成L形、Y形或U形;对于空间较大或结构复杂的店铺而言,可以设计成圆环形或井字形等。

副通道是顾客在店内选购商品过程中选择的辅助通道,它将不同偏好的顾客从主通道上带到不同特色的商品专拒。副通道的设计根据店铺实际情况和主通道的形状而定。一般来说,都是以主通道为核心,用不同数量和形状的副通道辐射到各个商品专柜。

在空间中,人们总在变换着姿态,并且人体本身也随着活动的需要而移动着位置,从而形成了活动空间与人流动线。顾客通道设计的科学与否直接影响着顾客的合理流动。

要设计合理、科学、流畅的流动线,包括人流和物流两方面。

人流,即商业空间结构要最大化地满足人们的进出和人们的视线对商品的浏览,这方面流动线的物化就是视线空间和走道。

物流,即可以轻松实现商品的进出的空间。如果没有设计足够宽敞的通道,货品与人流动线互扰,就会影响到消费者进店选购,而拥挤会直接影响店铺形象和销售业绩。

1. 主要通道

为了让顾客浏览到卖场的所有角落,主通道必须先确立,顾客习惯浏览的路线即是店内的主通道。大型店铺为井字或环形,小店铺为L形、一字形或反Y字形。主打产品应该陈列摆放在主通道两旁的货架上,方便顾客看到、摸到商品(见图41)。

2. 次要通道

一般副通道由主通道引导,使顾客到达不同的商品区域,通道的数量和形态不定,依照店铺的个别需求及空间决定。

3. 顾客付款动线与通道

一般将商品区与收银台连接,将收银柜作为动线的收尾。收银台适合与LOGO墙组合在一起，构成店铺内主要的品牌宣传展示，也是进入店铺后的视线着陆点。

通道宽度基本要求：主通道最短要有 90cm，最长 360cm，一般均设为 90 ~ 120cm。副通道最短要有 60cm，最长约 150cm，一般均设在 75 ~ 150cm 之间。

4. 通道的形式主要有以下几种

（1）直线式。这是指通道呈直线相交，使店内结构、商品陈列整齐美观。

（2）斜线式。这是指通道呈斜线交叉，使顾客可以随意浏览，便于看到较多的商品，店内结构和商品陈列富有变化。

（3）自由式。这是指根据商品陈列的需要和内部空间的结构特点，形成"曲折迂回、曲径通幽"的空间布局变化，但需保证基本的流向和通畅。

（三）商品销售区

商品销售区是陈列和展示商品并直接进行商品销售活动的主体区域，是服装店中的核心功能区。它在卖场中所占面积最大，涉及的展示要素也最多，应在尽可能地利用空间、保证人流通畅的前提下，设置合理的商品销售区（见图 42）。

商品销售区是分区规划的核心，其他区域都是围绕着它进行设置的，但是，这个区域与其他区域的相互关系影响着其区域功能的体现，需要给予综合考虑。商品销售区的展柜、展壁、展台等设施的布局规划、高度体量安排及商品的陈列密度不宜平均对待，应根据品牌定位和商品特点形成有分有聚、有秩序有变化的组合关系。

（四）形象展示区

这个区域具有体现品牌形象、宣传商品、美化店面氛围和吸引顾客等功能，是企业形象的集中展示区。

通常，形象展示区可以作为开放式橱窗安排在店门两旁，也可以安排在正对店门的中心位置。有的形象展示区在展示品牌形象的同时配有商品展示（见图 43），还有的与收银台组合。但是设计形象展示区时，要避免在用材、设计风格、色彩等各方面与整体格调不统一。

图 41　顾客通道设计示例

图 42　商品销售区设计示例

二、室内装潢

（一）顶面造型设计

顶部可以创造室内的美感，而且与空间设计、灯光照明相配合，可形成优美的购物环境。在顶部设计时，要考虑到材料、颜色、高度，尤其是顶部的颜色，要有现代化的感觉，并注重整体搭配，以展现色彩的优雅感。

（二）立面设计

主要包括墙面装饰材料和颜色的选择、壁面的利用。店铺的墙壁设计应与所陈列商品的色彩内容相协调，与店铺的环境、形象相适应。一般可以在壁面上架设陈列柜，安置陈列台，安装一些简单设备以摆放服装或用来作为商品的展示台或装饰（见图 44）。

（三）地面设计

主要涉及地板装饰材料和其颜色的选择，还有地板图形的设计。服装店要根据不同的服装种类来选择图形。一般女装店采用圆形、椭圆形、扇形和几何曲线形等曲线组合为特征的图案，带有柔和之气；男装店采用正方形、矩形、多角形等直线条组合为特征的图案，带有阳刚之气；童装店可以采用不规则图案。

图 43　形象展示区设计示例

图 44　立面设计示例

（四）展示道具设计

主要指货柜、货架材料和形状的选择。一般的货柜、货架为方形，但异形的货柜、货架会改变其呆板、单调的形象，增添活泼的线条变化，使店铺表现出曲线的意味。异形柜架有三角形、梯形、半圆形以及多边形等。货架设计与产品设计应该为一体（见图 45）。

三、室内氛围设计要素

当顾客走进店中，只看见店内的装修，不一定会有购买的冲动。要使顾客产生购买冲动，必须使店内有卖场氛围；特别在服装店中，在顾客停留的时段内，就可以通过色彩、灯光、图

图 45　展示道具设计示例

文、音像等方面塑造出店铺氛围，使那些只是想看看的顾客产生购买欲望。

（一）色彩与色调

色彩的表现是人类要求的一种外在形式，色彩能唤起人们的情感，不同的颜色为什么被不同的人钟爱，是什么在其中起作用，这是艺术家和设计师所关注的，也是商家渴望了解的。服装店铺的色彩运用及色调氛围的制造，应当从市场营销学的角度探索其商业属性；通过广泛地、深入地分析消费者的感情和心理因素，从而达到为店铺形象增添光彩的作用（见图 46）。

（二）灯光与照明

商店的照明依赖自然光源和人造光源，自然光源的采集是建筑设计师需要考虑的，展示设计要探讨的是人造光源，以及灯具产生光线的照明。照明灯具有多种功能，它将光源发出的光定向或扩散射出去。室内照明灯最重要的问题就是控制光线的方式。灯光能够照亮色彩，自身也能发出有色的光芒，不同的灯色营造不同的色调，组合的有色灯光还能产生复色，幻化出绚丽神奇的景色，如宇宙、太空、仙境以及戏剧化的氛围。灯光对不同材料的作用不尽相同，有的材质反射光，有的材质吸收光，光的照射角度对商品的展示效果也会形成较大的视觉差异。因此，在构思整体照明方案时，要将商店作为完整的系统来考虑，如灯具的更换是否灼伤商品、如何散热等细节问题。

图 46　室内色彩设计示例

同时,照明也是向顾客介绍商品的一种方式,灯光的设计就是给顾客视觉和心理的提示。设计师根据环境及商品的具体要求,选择特定的灯具,通过对光线的色彩、明暗及角度的控制,烘托商品的形象,体现商品的精髓,掠夺顾客的视线并把他们吸引到商店(见图 47)。

图 47　灯光设计示例

(三)道具与设施

在商业空间中,道具和设施占据着主导的地位,不仅能承托商品及分割空间,更重要的是营造与商品品质一致的氛围,创造独特的购物环境。服装商店的基本设施包括固定物、展示台、撑杆、支柱、平台、桌椅等,道具有人体模型、布料、彩旗、海报招贴、装饰物等。道具和设施的设计应该体现灵活性和可变性,方便多样组合和重复使用,不仅可以降低成本,而且伴随着产品的不断变化做出适时的改变(见图 48)。

(四)图文与音像

商店中的指示牌、POP 广告、信息宣传栏、商品目录册等,以图文的视觉形象传播信息,让顾客得益于详细的图解和指示,轻而易举地达到各地域且很快找到想要的商品。作为购物指南,其简单快捷的方式,有利于新品或特价商品的推销。在服装商店的展示设计,音乐及动态的画面能够吸引顾客的注意力,调节顾客的情绪,调动顾客的兴致,有利于商品的销售。回旋在商店的背景音乐,能够舒缓顾客的疲劳,使顾客的购物更加轻松、愉快。

总之,通过消费者购物的生理体验,运用展示设计的相关元素,在店内空间营造全方位的购物体验,是现代展示设计师综合能力的体现,也是商品能在市场竞争中脱颖而出的关键。

图 48　道具和设施的设计示例

第五节 色彩设计

色彩是服装店面展示信息传达中重要的视觉元素。人的视觉对光和色彩最为敏感,在观察事物时人们最先关注到的是色彩。色彩相对于形态和材质等视觉语言而言,对人的心理、情感的影响更为突出。因此,研究色彩的情感和配色法则,在服装展示设计中对营造理想的展示效果具有重要意义。

在进行店铺设计时,色彩在室内设计中起着重要的作用。重视色彩对人的物理、心理和生理的作用,利用人们对色彩的视觉感受,来创造富有个性、层次、秩序与情调的环境,从而达到事半功倍的效果。色彩是室内设计中最为生动、最为活跃的因素,色彩的设计在室内设计中起着改变或者创造某种格调的作用,会给人带来某种视觉上的差异和艺术上的享受。人们进入某个空间的最初几秒钟内得到的印象75%是对色彩的感觉,然后才会去理解形体。

要理解和熟练运用色彩,必须掌握对色彩归纳整理的原则和方法,而其中最主要的是了解色彩的属性。

一、色彩的分类

服装业在色彩应用方面,体现出商业的可操作性,可以通过市场调研来确定消费者的需求,根据调查结果设计生产适销对路的产品。根据美国市场专家的调查显示,当消费者面对琳琅满目的商品时,67%的人首先是被商品的色彩所吸引,其次是款式、面料、价格等因素。

(一)色彩配色分类(图—色环)(见图49)

1. 同类色

色相环上15度之内色彩组合搭配。即在同一色相中,加入不同程度的白或黑后的色彩组合。

2. 类似色

色相环上间隔30度左右的色彩组合搭配。

3. 邻近色

色相环上间隔50度左右(90度之内)的色彩组合搭配,亦可界定到120度的色彩搭配。

4. 对比色

色相环上间隔120 ~ 180度左右(不包括180度)的色彩组合搭配。

5. 互补色

色相环中直径两端相对的两色。

二、色彩的性格

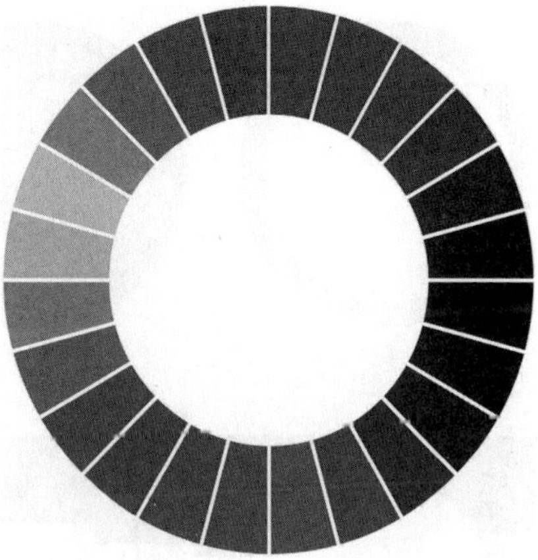

图 49 色相环

人类在长期的生产生活中,通过观察、感知,积累了许多关于色彩的性格表情经验。比如,看到红色会和太阳、火、鲜血联系在一起,看到蓝色会联想到天空和大海,看到绿色会和植物树木联系在一起,把黑色与黑夜、煤炭联系在一起,不同色彩对生理的刺激所引起的心理反映带有明显的倾向性。不同色相、明度或纯度的色彩及色彩组合可以产生不同的色彩格调,呈现不同的性格表情,带给人温暖或寒冷、远或近、轻或重、欢快或忧郁、活跃或宁静、软或硬、华丽或朴素等不同的心理感受。在服装展示中,可以利用色彩的情感特性以及色彩对人心理的影响来调节控制展示空间、强调重点展示区域、烘托展示气氛,力求达到优美的展示效果,获得高效的信息传播效率。

色彩能引起人情绪上的变化,能强有力地表达感情。色彩进入人的视觉被感知的速度和程度,反映了色彩的物理属性、视觉的生理属性以及人们将自然现象的视觉经验与色相联系在一起的心理属性。

(一)色的前进与后退感

从相同距离看色彩,有的色彩看起来近(前进色),有的色彩看起来远(后退色)。从色相讲,暖色系有前进感,冷色系有后退感;从明度讲,明亮色有前进感,暗色有后退感;从彩度讲,彩度高的色有前进感,彩度低的色有后退感,这是由于人眼睛对颜色(光)的波长、振幅的感知度有差异造成的。波长越长感知度越高,扩张感越强。明度高的色彩比明度低的色彩振幅强,易于被感知(见图 50)。

(二)色的膨胀和收缩感

同样面积的色彩,有的看起来大一些,有的看起来小一些。明度、彩度高的色彩看起来面积膨胀,而明度、彩度低的色彩面积缩小。暖色有扩张感,冷色有收缩感。

(三)色的华丽与朴素感

色彩华丽与朴素是因彩度和明度不同而引发的感受。彩度高或明度高的色,给人以华丽感,反之给人以朴素感。不鲜明的冷色往往给人朴素感,白、金、银有华丽感,而根据使用情况,黑色有时具有华丽感,有时则具有朴素感(见图 51)。

(四)色的冷暖感

色彩的冷暖是人对自然界具有冷暖属性的事物的视觉经验与色相联系在一起而在心理上产生的一种感受。红、橙、暖黄使人感到温暖,蓝色、青绿色使人联想到水等冷性事物。绿和紫是中性色,以它的明度和彩度的高低,而产生冷暖表情的变化。无彩色中,白色冷、黑色暖,灰色是中性。

图 50 色的前进与后退

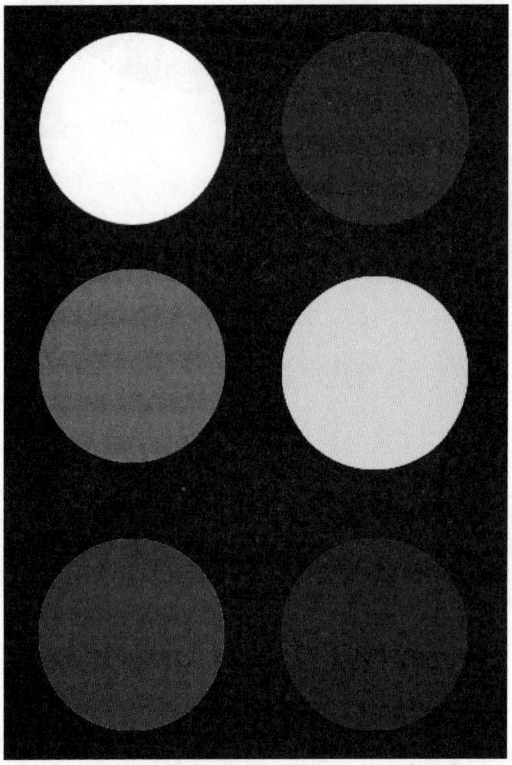

图 51 色的华丽与朴素感

（五）色的轻重感

色的轻重感主要是因色彩的明度不同而引发的感受。明亮色感觉轻快，暗色感觉沉重。在明度相同的情况下，彩度高的色彩感觉轻，彩度低的色彩感觉重。

（六）色的兴奋与沉静感

色的兴奋与沉静感主要由对视觉刺激的强弱引起，根据科学家测定，红色可以起到兴奋作用，蓝紫起到抑制作用，蓝绿起到沉静作用。红、橙黄等纯暖色系列能引发观众的兴奋情绪，被称为积极的色彩；蓝、绿等纯冷色系列使观众产生沉静感，被称为消极的色彩。明度和彩度也有积极与消极之分，高明度、高彩度色彩倾向于兴奋色，反之则趋于沉静色。

（七）色的柔软与坚硬感

色的柔软与坚硬感是由明度和彩度引起的感受，一般来讲，明度高、彩度低的色给人柔软感，明度低、彩度高的色给人坚硬感。白和黑有坚硬感，灰色有柔软感。

（八）色的味觉感

色的味觉感是一种由联想产生的心理上的感觉。据调查，一般人认为，黄色、白色、橙色是甜味，绿色是酸味，茶色、灰色、黑色是苦味，这大概是因为人们对色彩的味觉与该味道的相关事物及颜色有关。

三、色彩对消费行为的影响

色彩对购物者的影响，表现为生理影响和心理影响以及这两种影响综合产生的行为影响。

（一）生理影响

颜色的生理影响一般是在实验室进行测量的，包括在视觉光谱的红色端和蓝色端的血压、呼吸频率和眨眼次数等。人的眼睛对色彩的饱和度感觉也不一样，研究表明，红色的光对眼睛的刺激强烈，绿色的光对眼睛的刺激最弱，饱和度低。红色对人类大脑具有内在的兴奋和身体上的刺激，即血压、呼吸频率和眨眼次数都会增加，而蓝色使人更加轻松（见图52）。

科学研究发现,我们眼睛的明暗层次感随光线变暗而急剧变得迟钝起来。当光线弱时,我们不容易分得清明暗层次;而在强光下,眼睛对明暗层次也会变得迟钝。人的眼睛在黄绿色段上视觉最敏感,因此,从打动知觉能力的强弱角度看,略带黄绿色光最醒目。人们还发现,人眼的光谱敏感度也与亮度水平有依赖关系,在低亮度水平下,这条光谱机敏度曲线将会向短波方向平移,对短波系列的色彩变得较为敏感。

这些研究为我们设计店铺提供了科学的参考依据,可以根据各个地方的日照特点和不同的环境,设计选择适当的色彩基调刺激或使购物者放松,同时根据店铺的面积和高度选择合适的光照强度。例如,在商店入口处,需要刺激购物者进去购物的心情,但在购物过程中可能需要放松,使顾客面对商品时做出充分的考虑。

(二)心理影响

购物者对色彩刺激的反应也出于一系列的心理因素,包括学识、动机、个性等属性。掺入了人们复杂的思想感情和各种生活经验之后,色彩也就变得十分富有人性和人情味儿(见图53)。

感知色彩是人的视觉的基本特征之一,不同波长的可见光引起人们视觉对不同颜色的感觉,形成不同的心理感受。如玫瑰色光源给人以华贵、幽婉、高雅的感觉;淡绿色光源给人以柔和、明快的感觉;深红色刺激性较强,会使人的心理活动趋向活跃、兴奋、激昂或使人焦躁不安;蓝靛色刺激较弱,会使人的心理活动趋向平静,控制情绪发展,但也容易产生沉闷或压抑的感觉。色彩依红、橙、黄、绿、蓝、靛、紫的顺序排列,强弱度由强依次转弱。

色彩的冷暖是最基本的心理感觉。一般说来,暖色给人温暖、温馨的感觉,冷色给人以清凉、寒冷和沉静的感觉。如果将冷暖两色并列,给人的感觉是:暖色向外扩张,冷色向内收缩。店铺设计中可利用冷暖色彩产生的视觉效果,形成对同一空间内远近大小的错觉,对空间产生扩展或收缩的作用。利用色彩对比拉开物体前后距离,明度高的色、暖色使人产生“近”的

图52　色彩的生理影响图示

图53　色彩的心理影响图示

视觉感，暗色、冷色给人“远”的视觉。

研究发现，心理活动和联想的主题归因于某种颜色。暖色被视为明亮、欢快的颜色，常与时髦的商品相联系，比冷色对购物者更有吸引力。了解了这些规律，对零售店铺购物环境设计中的色彩处理、装饰物品的大小、位置的前后、色彩的强弱等，都是很有帮助的，可以提高零售店铺购物环境的整体效果。

（三）购买行为的影响

根据色彩理论研究和对顾客购买行为的分析，色彩对顾客购买情绪和行为的影响方式有四种。

（1）色彩追求。当市场出现流行色时，顾客会对流行色进行追踪寻求，产生一种随潮购买行为。

（2）色彩兴趣。如顾客对某种色彩产生好奇和兴趣，能激发其购买热情和欲望，会欣然购买。

（3）色彩惊讶。当顾客突然发现某件服装，具有自己喜爱而平时少见求之不得的色彩时，会迅速调整购买行为，果断而兴奋地购买。

（4）色彩反感。当顾客认为某件商品是不祥、忌讳的色彩时，会产生一种不安全的因素，显得反感而不屑一顾，运用色彩时，要尽量防止这种情况出现。

四、色彩与展示空间

（一）利用色彩确定空间基调

色彩是比形态、材质更令人敏感的视觉元素，也是影响展示空间效果的辨识率最高的视觉要素。当人们在较远距离观察事物时，物体的形态、材质还没有辨识清楚，色彩却被首先辨别出来。在展示空间中，信息受众对空间的布局，展示的细节还没有看清楚时，空间的整体色调已经对观众的心理产生了作用。因此，展示设计中常常借助色彩的性格特征来引导观众对展示空间的视觉联想，调整展示空间的平衡关系，烘托展示所要达到的特殊空间气氛，强化品牌形象，提高信息传达效率。

1. 利用色彩确定空间基调

色彩是比形状、材质更令人敏感的视觉元素，色彩基调由于能作用于人的心理情绪，所以能直接影响展示现场的效果。因此，展示设计中常常借助色彩的性格特征来形成展示空间基调，引导观众对展示空间的视觉联想（见图 54）。图中所示的尚德利服装东京专卖店以黄色与深紫色为主调的柔和色彩确定空间基调，凸显了空间的女性风格与柔媚气氛。

2. 利用色彩分割空间

在服装展示设计中，展示空间的大小、形态有可能对展示区域的划分形成制约，而通过色彩来划分不同的功能区域是经常采用的方法。通过采用不同性格的色彩，利用色彩对人的心理影响来调整空间布局，可以达到完美的展示效果。例如在不规则的展示空间中用浅淡的色彩使狭小的空间产生扩张感；综合性服装展示中，利用不同色彩划分不同服装品类区域；利用色彩将展示中需要强调的重点陈列区域突出出来等。

（二）烘托展示所要达到的特定空间气氛

不同的展示功能和目标，需要与之适应的不同设计特征，其中包括不同的情调与氛围。从视觉心理来讲，色调可以诱发人们形成强烈、柔和、明亮、暗淡、晦涩等心理反应，这些心理

图 54 色彩与展示空间示例

活动直接影响到观众对展示环境的整体印象。色彩可以影响观众的心理情绪，可以营造展示环境特定的情绪与氛围。

第六节 光环境设计

照明设计左右和引导着顾客的视线，令空间、环境、服装富有生命。照明设计是服装店面展示设计的重要组成部分，服装陈列作为提升服装品牌的有效手段，在服装销售终端中发挥着越来越重要的作用。对于服装店面环境的塑造，照明无疑是最为有效的手段，通过人性化的照明设计，能够在短时间内提升店面的整体艺术气氛，营造出吸引消费者的魅力空间（见图 55）。

图 55 光环境设计

服装展示照明设计的目的，首先是满足顾客观看商品的照度要求，应符合视觉生理需要，不能过暗或过亮，要避免眩光对眼睛的刺激；其次是运用照明手段创造展示艺术氛围；再次是要保证服装展品的显色性。服装这类商品，对照明的光源显色性要求较高，应根据展品色彩的不同选择相应的光源，避免

图 56　服装展示照明设计示例

歪曲展品的固有色。

一、服装展示照明方式

服装展示照明方式不外乎以下几种：自然照明、人工照明、两者结合。一般情况下以人工照明为主，其优点是光源在照度、方向、色彩上的可控性强，便于设计及运用，缺点是消耗大量的能源，在夏季产生多余的热量，不够环保。完全的自然采光受其光照变化的影响，不易控制，一般不能在服装展示中单独使用。现代服装展示照明提倡自然采光与人工照明相结合，在白天充分利用天光，在店面橱窗设计中多使用通透方案，避免使用背板封闭光线，使自然光能深入室内，提高店面光线照度，节约能源。

服装展示照明按其功能通常可分为一般照明、重点照明、装饰照明等照明形式，每种形式都有着不同的功能和特点（见图 56）。

1. 一般照明

整个服装店面的空间照明，通常采用泛光照明或间接光照明的方式。也可以根据场地的具体情况，采用自然光作整体照明的光源，整体照明的照度不宜太强。在一些设有电视、显示设备的区域，还要通过遮挡等方法，减少整体照明光源的影响。在一些人工照明的环境中，整体照明的光源可以根据展示活动的要求和人流情况，有意识地增强或减弱，创造一种富有艺术感染力的光环境。在通常情况下，为了突出展品的光照效果，加强展品与其他区域的对比，整体照明常常控制在较低照度水平下，除了某些区域为了有意识地引导观众和疏导人流，利用灯光的强弱作一些示意性的照明外，其他区域的整体照明都不宜超出服装陈列区域的照明。作为服装店面整体照明的光源，通常采用发光顶棚、吊灯，或直接用发光元器件构成的吊顶在四周设置泛光灯具。也可以利用泛光灯具照射天花，获得较柔和的反射光。

2. 重点照明

为了突出服装的展示效果在重点展区对主要展品要采用灯光作重点照明。包括服装展架、展台照明、店面宣传图片及文字照明、品牌 LOGO 的照明等。可以选用带反光或聚光装置的投光灯或射灯，也可利用展台、展架上方的轨道灯。灯光照射不宜过于均匀，在方向上应有所侧重，以侧逆光来强调展品的立体感。对需要均衡照明的对象，如文字、图片等，宜采用发光柔和、带格栅的荧光灯。对色彩分辨要求比较高的展品，宜用显色性好的光源，如日光灯或白炽灯与荧光灯混合的光源（见图 57）。

3. 装饰照明

用照明的手法渲染环境气氛，创造特定的情调。在服装展示的空间内，可运用泛光灯、霓虹灯、激光灯和 LED 灯等设施，通过精心的设计，营造出别样的艺术气氛。采用气氛照明灯光可消除暗影，在特殊服装陈列中制造出与众不同的效果。在展厅和橱窗等环境中还可以采用加滤色片的灯具，制造出各种色彩的光源，造成戏剧性的效果。进行色彩处理是照明艺术的另一个内容。设计师可以利用冷色调的光模仿月光的自然效果，也可以用暖色调制造出炎热的阳光或炽热的火光效果。这种照明手法多用于服装橱窗展示，创造出美轮美奂的艺术氛围。

展示照明光源的色温对服装色彩的呈现有着很直接的影响。光源的显色性与服装陈列色彩还原性有直接的关系。光源的显色性是由其显色指数来表示的，是指物体在光下的颜色对基准光（太阳光）照明时的颜色的偏离，能够较全面地反映光源的颜色特性。光源发射光的颜色与黑体在某一温度下的辐射光色相同时，黑体的温度称为该光源的色温。光源色温不同，光色亦不同，色温在 3300K 以下，给人以稳重、温暖的感觉，色温在 3000 ~ 5000K 为中间色温，给人以凉爽的感觉，色温在 5000K 以上，给人以冷的感觉。采用低色温光源照射，能使红色服装更鲜艳；采用中色温光源照射，能使蓝色具有清凉感；采用高色温光源照射，能使物体有冷的感觉（见图 58）。

服装店面展示中炫光控制也是照明设计中应解决的问题之一。在人的视野内，不当的亮度分布会损害视觉功效，如果视野内存在着严重的亮度不均匀的情况，过高的亮度对比就会给人的视觉造成强烈的刺激，这时候就存在炫光。炫光分为直接炫光和反射炫光。直接炫光是由灯或灯具过高的亮度直接进人视野造成的。炫光效应的严重程度取决于光源的亮度和大小、光源在视野内的位置、观察者的视线方向、照度水平和房间表面的反射比等诸多因素，其中光源的亮度是最主要的。另外，直接照明较容易造成炫光，应避免大面积的直接照明，多使用间接照明或漫射照明，光照通过具有减弱眩光的光学材料向四周扩散漫射，从而使得服装店面展示空间亮度既有强弱之别，又有整体柔和的特点，这种照明方式，光线柔和，没有眩光（见图 59）。

光可以突出物象，也可以隐蔽物象。对于没法移动或缩放的空间、形体，设计师可以用灯光去强化或弱化它们。独具匠心的照明设计能引人关注并使顾客长久地停留在服装店面或参与到展示空间环境中。动态的用光可以让

图 57 重点照明示例

图 58 装饰照明示例 1

图 59 装饰照明示例 2

空间充满活力,变化的用光可以丰富空间层次、改变空间比例、明确空间导向、强调展示重点和中心,产生特殊的视觉效果,营造独特的环境气氛。利用照明所产生的阴影和明暗层次对比,可以降低物体的单薄感,强调物体的立体感,增加空间的整体吸引力。通过对整体照明和重点照明等各种层次的照明的巧妙安排,能清晰地划分出不同的空间区域,将需要传达的中心和重点烘托出来。

总之,光是服装店面展示设计中一种非常重要的视觉传达媒介。设计师可以通过特殊的照明组合、不同的色光照明、动态的光影投射来渲染不同的空间氛围,创造丰富的空间变化,活跃服装店面氛围,营造特定的情调。

二、光位设计

光位是指光源相对于被照明物体的位置,也就是光线的照射方向和角度。通常情况下,照射角越正,立体感越差,照射角越偏,立体感越强。通常服装店面照明设计的光线照射方式有:顶光、侧光和底光(见图 60)。

顶光是光源在被照射物的垂直上方,这种照射方式比较符合人们的正常视觉心理,在展示服装顶部造型和营造气氛的时候被大量使用。但顶光的照射方式容易造成服装的顶部过亮,服装下部阴影过重,难以展示服装的细节,因此顶光的照度不能过高,需要配合其他光位进行立体照明。

侧光主要用于侧面的照明,斜侧光是服装照明中最能表现服装细节的光位,能在服装的侧面形成视觉焦点,并渲染气氛,这种光位也是使用得最为广泛的服装展示照明方式(见图 61)。

底光是指光源位于展示物的下方,适用于表现服装底部的细节,但这种光位的使用要谨慎,因其很容易造成恐怖、阴森的气氛,通常配合顶光和侧光有机结合进行综合立体照明。

照明系统产生的明亮夺目的光线本来就有吸引消费者注意力的效果,以上三种静态光位的配合能产生具有层次感的照明空间,但是在很多商业展示空间争放光芒的时候,这种效果就会减弱,我们可以采取变化光位的方式来解决这个问题,也可以在店面中增加一些更特别的照明效果,比如动态灯光、彩色灯光以及造型独特的灯具等方式,再次把顾客的注意力吸引过来(见图 62)。

三、不同类型的店铺采用不同的照明设计方案

1. 高级服装专卖店和品牌专卖店

这类店铺的顾客大多是对生活质量要求较高的高收入群体,对服装店铺的要求也就较

图 60　光位设计示例 1

图 61　光位设计示例 2

图 62　光位设计示例 3

高。因此这类店铺的照明设计上，应采取相对较低的基本照明度，采用高显色性、暖色调的灯光，同时使用较多装饰性的灯光设计来营造奢华的效果，以吸引顾客对最新流行时尚的注意，迎合专卖店的氛围。

2. 普通服装店

这类店铺的顾客大多是对时尚有所追求、购物相对理性、收入中等偏上的上班族，他们对购物环境有一定要求但不强烈。因此这类店铺在照明设计中不应铺张，应采用平均照度、自然色调和很好显色性的灯光，同时使用大量重点照明营造轻松且戏剧性的氛围。

3. 大众服装店

这类店铺的顾客都是大众化的工薪阶层，他们购物往往考虑商品的物美价廉，对店铺的照明要求相对较低。因此在照明设计中可采用较高的基本照明、自然色调和较好的显色性，以营造亲切随意的氛围。

四、对店铺的不同区域采用不同的照明选择

货架和衣架的照明应是整个室内基本照明亮度的 1.5 ~ 2.0 倍。没有放在展示橱内的模特，可以利用天棚上的定点射灯照明。用这种照明方式布点时，不要让强烈的反射光直接照射到顾

客的眼睛。有时利用穿透光,可以更有效地表现服装的色彩和造型,如采用底灯式照明。

1. 招牌照明

招牌采用霓虹灯来照明,以增加店铺夜间的可见度,并营造热闹、欢快的氛围,符合简洁、明快、醒目的要求。

2. 货架陈列区照明

在这一区域应当用明亮的灯光直接照射在衣服上,方便顾客对服装的质地、颜色、面料、做工等方面的了解,引导顾客进行选购。

3. 衣架陈列区照明

衣架陈列可以突出产品特色,展示单品魅力,使顾客容易找到自己喜欢的服装款式。这一区域的照明应集中在单品上,在衣架附近有针对性地使用显色性好的荧光灯,采用自然色调配合服装的颜色。

4. 橱窗展示区照明

橱窗展示区是传递品牌意境的重要媒介,是店铺照明设计的重点。在橱窗展示区配以适当的顶灯和脚灯,不但能够起到照明效果,还能够以艺术化的手法来展示店铺内模特所穿服装最完美的一面。相对店铺店面的亮度,橱窗区的亮度应高出 2 ~ 4 倍。较亮的光线比较容易显示陈列商品的可见度,吸引顾客的注意。

五、照明设计原则

(1)灯光设置要突出店铺形象,如店名、店铺标志、橱窗及店铺整体风格。

(2)灯光的照度不能破坏服装本身的颜色、图案和整体造型风格。

(3)照度要适中,避免与装饰材料产生眩光而刺激顾客视觉。

(4)灯光的设计要能够烘托店面氛围,营造良好的购物环境,激发顾客的购买情趣。

第七节　音乐环境设计

随着商业的发展,人们购物已经不仅仅是满足基本生活,更多的是一种身心的享受。相应的,要求商家在展示商品的同时,营造出一个富有魅力的购物环境,愉悦广大顾客身心,让顾客信步消费的同时,精神得到最大满足。

店铺背景音乐的使用,在当今商业社会屡见不鲜,是营造卖场的常用手段。音乐或舒缓、或浪漫、或热情、或激烈、或古典、或摇滚等,只要应用得当,不但可以营造出店面的特殊风情,还能有效烘托出商品的独特品味。同时,音乐也是营造现场购物氛围、刺激消费欲望的有力武器。

在选择背景音乐时,要注意这样几点:音乐风格与商品的风格要吻合,与卖场的销售主题相吻合;音量要适当,不要给人烦躁感或者疲劳感;乐曲数量充足,避免单调;音乐替换的时段要符合顾客心理需要。

背景音乐影响消费者可以从下面来认识：

（一）影响消费者对商店和品牌的定位

在一个环境优雅的商店里，播放着格调高雅的音乐，往往使人与高品位服装相联系；而熙熙攘攘的人流，播放流行音乐，往往与大众服装相一致；嘈杂纷乱的叫卖声只能与廉价商品相配；节奏轻快活泼的音乐，与休闲服装的形象相协调。一个设在闹事的高档服装店，生意不一定好，嘈杂的氛围，低档的观光客，可能破坏商店的形象，吓跑真正的消费者。

（二）影响消费者购物情绪

热闹的场面使人兴奋，容易激起购物的冲动，但也可能使人感到烦躁疲劳，这种情况也容易传导到售货员身上，因而间接影响到消费者。轻快活泼的流行音乐，使人心情愉悦，舒缓优雅的古典音乐，则有一种恬静、和谐的感受；女售货员甜美的导购说明，不仅能营造一种强烈的购物气氛，同时也给消费者宾至如归的感觉。

（三）影响消费者购物行为与节奏

通常人们有一种适应环境趋向的本能，会情不自禁的随着环境运动的节奏修正自己的行为方式。快节奏的音乐会驱动顾客加快浏览步伐和购物节奏；优美动听的音乐能使人流连忘返；听着典雅的音乐，会使人变得举止文雅。因此节假日消费者过多时，可以播放节奏欢快的背景音乐，生意冷清时，应播放优美而舒缓的音乐，让消费者从容购物、浏览，留住潜在顾客。

音乐的合理设计会给店铺带来好的气氛，而噪音则使卖场产生不愉快的气氛。据调查显示，在商场播放节奏快的音乐，消费者购物的步调也会相应加快。这说明，音乐在影响消费者的情绪的同时，也会潜移默化地影响到消费者的行为。在选择音乐的类型时，要根据所经营的服装类型，如流行服饰专卖店应以流行且节奏感强的音乐为主；童装店则可放一些欢快的儿歌；高档服装店为了表现其幽雅和高档，可选择轻音乐。在服装店热卖过程中，配以热情、节奏感强的音乐，会使顾客产生购买冲动。

音乐还可以构成企业的识别系统，让消费者在以后的一段日子里对特定的声音产生特定的品牌联想，也就是所谓的条件反射。对企业来说，这就实现了成功的音乐营销。

简单地说，音乐营销就是以音乐为手段的营销，也就是利用艺术的特征，增强与消费者的沟通和交流，满足消费者的需求，促进产品销售，达到企业目标的过程。随着竞争的加剧，音乐营销作为突破视觉接触、强化品牌记忆、容易掀起感情波澜，达到传唱一时的工具已经越来越得到企业器重。

课后思考题

1. 服装商业展示的形式有哪些？
2. 服装店的环境设计的目的及其创意的意义所在？
3. 如何将服装店的购物空间进行合理安排？

4. 服装店的空间可以以什么形式,划分为几种不同的空间模式?
5. 服装店整体空间设计都包含哪些内容? 进行简述。
6. 时装店整体形象设计体系特征有哪些?
7. 举一品牌专卖店实例分析它属于哪一类空间类型?
8. 招牌设计需注意哪些内容?
9. 空间设计的特征?
10. 空间设计可以分为几类?
11. 空间设计中的平面规划包括哪些? 具体内容是什么?
12. 空间设计中的立体规划包括哪些? 具体内容是什么?
13. 服装展示功能空间分类有哪些?
14. 说一说曲线式空间造型的特征,并举实例分析。
15. 店面设计都包括哪些具体内容?
16. 店面的照明设计有什么技巧? 其设计目的是什么?
17. 简述外观设计需注意的事项。
18. 叙述店面的广告标识及品牌形象的重要性。
19. 说一说照明的表现方式通常有哪些?
20. 店内设计的空间布局很重要,试分析空间布局在店内设计中的重要性。
21. 店内装潢要考虑哪些方面?
22. 说一说店内布局中自由流动布局的优点。
23. 谈一谈顾客通道设计的重要性。
24. 店内氛围营造具体手法有哪些,并举实例分析说明
25. 色彩可以如何分类? 分类的标准是什么?
26. 什么是色彩的性格? 不同的色彩有什么不一样的作用,举例说明(五例以上)
27. 试分析橙色给人的心理属性。
28. 色彩在店面设计中的重要性? 它能对消费者产生什么样的影响?
29. 色彩可以对空间设计产生怎样的影响?
30. 利用明度高低来进行设计的形式有哪些?
31. 服装展示照明的方式有哪些? 其具体作用是什么?
32. 不同的店铺采用不同的照明方式,举例说明几个典型照明方式的优缺点。
33. 解决炫光的具体手法有哪些?
34. 高级时装专卖店和品牌专卖店适用那种照明方式?
35. 简述音乐在店面设计中的作用,可以举例说明。

第五章 服装店面展示策划

第一节 服装店面展示策划要素

服装店面不同于其他的专业商店，顾客进入商店后的第一印象应具有很强的整体形象感，才有助于衬托出服装自身美的效果。服装店的室内变成最佳服装陈列为最独特；使人置身于艺术的气氛中，而感到兴奋不已。服装店面设计的主要目的是把商品最佳的一面通过最佳的陈列形式展现给顾客。要做到这一点，需运用到情调营造技术、道具的功能性、布局的合理性、整体的美观性的设计(见图 63)。

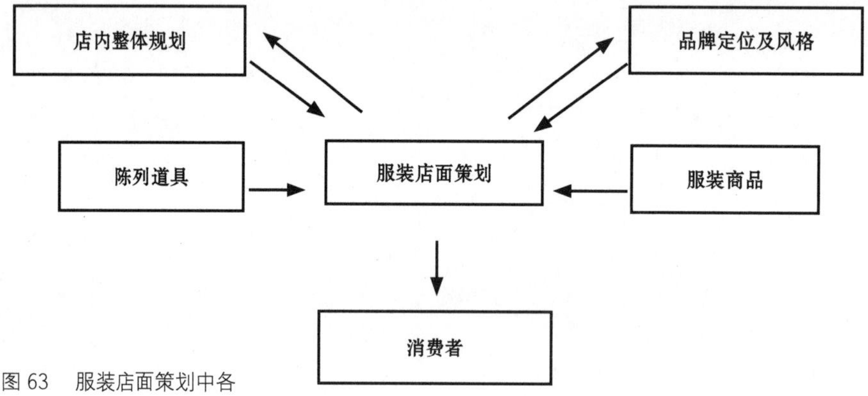

图 63 服装店面策划中各因素间的关系

一、店面整体规划

商店所有的装修效果都是围绕着产品的陈列进行的。顾客买衣服不会像买日用消费品那样直接拿上所需品奔向收银台，服装不可能把所有的产品摆在货架上。服装商店就是一个巨大的陈列橱窗，正确的视觉营销对于总体的销售情况都有影响，所以，商店的设计不需要太多的装饰。它需要考虑长期维护成本与实际实施。

（一）确定品牌形象

“商店的大小和选址对实现设计概念也有决定性作用。”

商店的设计形象一定要根据品牌的产品定位，可以对零售商所需要表达的企业文化来整体塑造和提升品牌的档次和高度。如：上海外滩的一线品牌店的形象受到历史性建筑特性的限制，会在很大的程度上要顺应传统和法律规范的约束。

（二）提升客流量

“设计焦点对于商店设计是非常重要的。”

运用独到的店内陈列手段，让路人知晓商铺的产品和风格，找到感兴趣的共鸣点，愿意进到店铺内一探究竟，这就实现了商店设计的最基本也是最重要的一个直观作用。

（三）库存的密度

“弄明白商店有多少商品需要展示很重要。设计一家华而不实的商店徒劳无益。”

设计一间成功的商业店铺，前提是要考虑它的实用功能性，这就需要设计师首先要非常明确有多少商品需要陈列展示，通过什么样的形式展示给消费者；其次要考虑到商店的未来发展的重要性。我们设计一家店铺，并不是仅仅为了某一个月服务的，而是要考虑到一年或者几年的发展需求，所以要尽量的扩大销售需求，以确保店铺的良好运转。

（四）货柜的要求

“久经考验的货柜组织是形成良好陈列效果的必须的主要条件。”

优良的货柜应该是与背景融为一体的，要突出商品。货柜不是越多越好，在满足使用的前提下，数量正好为佳，这也是考虑到有效维护的目的。如果店铺使用的货架和货柜非常合适，在不改变整体风格的前提下就没有必要频繁地更换和调节。

（五）色彩

“把商品放在一个相对较空的背景下，可给你更大的发挥余地。”

商店的背景应相对单一和淡雅，这样才不会与店铺的陈列主体——商品相冲突。但是，商品种类繁多，相对于比较单一色彩的商品，店铺陈列背景可以相对加入一些调节色彩。

（六）灯光

“设计的各个方面都很重要，某一方面失利，全盘皆输。”

店铺的设计虽然相对空间建筑设计来讲算是“袖珍型”空间设计，但是“麻雀虽小，五脏俱全”。在营造环境氛围方面，灯光照明设计具有非常重要的作用。不合适的灯光会影响商品的色相和卖相，直接影响消费者准确有效地选择。

二、店面决策要素

在考虑营销时，服装企业应从企业的营销需求和品牌经营战略出发，对外部市场环境及企业内部条件进行充分分析。

（一）品牌营销需求

营销需求是企业决策的基本因素和根本原因，其解决的是企业需要考虑经营目标、营销战略、品牌的发展阶段。如果是发展中的新型品牌，在开辟市场时需要作出较多展出决定，但展示规模不宜太大，以探测市场为主；如果是成熟品牌，在发展渗透市场时，展出需求大，需通过较大规模或密集的销售网络来巩固和提升品牌声誉及市场占有率。

（二）外部市场环境

服装企业在作决策时，应对自身所处的市场环境进行充分考量。外部市场环境分析要素包括品牌所进入的市场规模、发展前景、竞争态势以及利润水平等。如果市场潜力大，竞争还不是太激烈，品牌应果断出击，迅速占领市场。

（三）企业内部条件

服装企业应充分考虑自己的产品开发能力、产品质量基础、商品企划和供应链情况、品牌规划经营能力、市场营销能力、终端运营能力、内部运营能力等。一般而言，新兴品牌或企业应先积累一定的品牌运营基础和经验后再做大胆的设计突破。

三、店面营销目标

服装企业店铺营销目的

- 把新一季的产品或服务推向市场
- 树立品牌形象，提升品牌声誉
- 给客户提供目标商品及良好的服务
- 创立新的品牌形象
- 收集品牌目标客户信息
- 开展市场调研
- 收集产品反馈信息
- 开辟新的市场
- 提升企业社会口碑
- 向市场推出新品牌
- 研究竞争对手
- 联络客户感情，培养目标客户
- 影响及引导服装消费观念
- 收集开发新产品的信息

第二节　服装店面展示策划的方法

在对商业展示的分类、特性等有了细致的分析之后，就可以按合理的步骤展开充满趣味性的商业展示策划。正因为商业展示包含了商业意图，所以它与建筑设计和常规的室内设计有很大差别。它既有建筑设计的单体特性，又有室内设计的各界面设计及平面设计。

在风格迥异的大的展馆空间里，创造一个生动的别具一格的特色空间，需要我们运用平面构成、色彩构成、立体构成以及空间构成等各类设计技法。从一个平面的功能分析开始，逐步表达设计理念。

一、功能设计

（一）位置分析

常见服装店铺的位置特点：

（1）城市中心区。这种地区一般也是商业中心或闹市区，其商业活动频繁，经营气氛较好，这样的店址就是所谓"寸土寸金"之地。

（2）高密度居民区。居民区人口比较集中，密度较高。这类地区消费者层次差别大，各年龄层和社会阶层的人都有，所以无论出售何种款式或类型的服饰，都会有一定的顾客群。

（3）交通便利的地区。交通便利是消费者购物的首要条件。一般来说，如果店铺附近有汽车站或者顾客步行时间在 15 分钟的店铺都是值得考虑的位置。

（4）成行成市的地区。对于服饰这类选购性商品，若能集中在同行"扎堆"的地段或街区，则更有利于经营。

（二）平面安排

平面空间包括的区域是：商品空间、服务空间和顾客空间。服装店面空间布局的合理与否，每个空间的大小是否配置得当，直接影响消费者的购物体验。商品陈列要借助道具，但过度的装饰会使空间狭小、拥挤，还会造成视觉疲劳，使得顾客停留观看商品的时间缩短。另外，由于顾客在服装店中呈现流动性，合理的设计顾客通道至关重要。斜线式的通道能使顾客随意浏览，气氛活跃，易使顾客看到更多商品，增加更多购买机会。自由滚动式的通道设计，可根据陈列柜台的特点形成各种不同组合，或独立、或聚合，没有固定的布局形式，现代感强。消费者视觉享受时间越长，将购物动机转变为购物行为的可能性就越大。现代社会商业环境多样化，消费者的要求也越来越讲究个性化。消费者的需求是设计的根本，重视令人身心舒适的环境的设计，用美感、功能性的设计语言来创造现代服装展示空间，同时保持内部空间的相对稳定性，使顾客在一种熟悉的空间环境中购物，心情自然放松，购买的可能性越大（见图 64）。

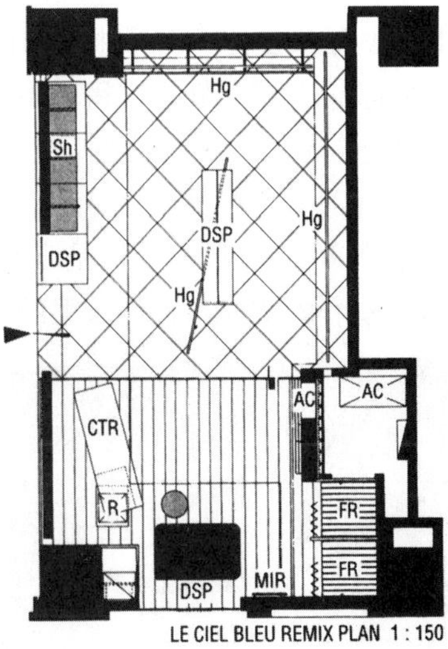

图 64　平面空间设计图示例

二、构造设计

在这里，我们提出三种构造形式，即：远观展览构造、近观展览构造、微观展览构造。这三种构造其实是根据人的"远中近"的参观顺序来分类的。

（一）远观——外观效果

服装品牌对店面外观效果的选择非常重视，因为它直接影响着品牌的发展，所以，服装品牌拥有者必然会用尽心机来规划其店铺外观形象，以达到所期望的效果。在当今世界，商品的知名度与时髦性是创造附加价值的关键，而外部形象规划恰恰是引导社会审美趋势的重要手段，建筑能以巨大的形象发挥其独特的效果，能代表企业的实力，吸引顾客眼球。

（二）近观——整体空间规划

任何一个展示设计都有其特定的目标性，这一点是由品牌文化、设计理念、经营模式所决定的，例如，实行连锁经营的品牌，需要制定统一的展示方案，并且在其各个专柜统一实施，具体包括卖场的整体装修，色调的统一形象化的制作标志字体形式及大小，店员着装，标准的迎宾语以及最为重要的陈列风格，而这正是统一形象模式的原则，对于主要围绕商品的款式更新和流行性制订销售计划，或是以采购实现商品组合，经营多品牌服装的商店，就需要更多地考虑对商品展示与陈列模式的研究，适时地调整自己的展示方案，从而使之适合独有品牌的经营理念，尽可能获得最大的市场分额。而一味简单地套用某个形式，即便是在别人那里非常成功的模式，往往也会事与愿违。陈列方案适合其品牌的独有性，突出当季的流行趋势，触动市场的反馈，即以销售额的增加而给予肯定。简言之，整体空间规划既是具有明确目标性，又是一整套创意的组合，无论是谈及目标问题，还是涉及创意问题，都必须体现在一个实实在在的形式上，而不只是在概念上做文章。具体地说，必须要落实在空间、环境、商品组合的具体形式和方法上，如果目标和创意仅仅是概念，想的是一套，做出来是另一套，想法虽好但不知如何表现，或不知表现得是不是恰当到位，就难免出现形式与内容毫无关联甚至相互矛盾。不难判断有个性的创意是迈向成功的第一步，既然涉及到形式，就不是设计者怎样认为的问题，而是顾客怎样感觉的问题。为此，顾客需要什么，能够感觉到什么，通过感觉又是怎样理解的，等等这些问题，恰恰是店面展示必须解决的。不言而喻，服装店展示是创意的再现艺术手段的升华，更是对促销方案的进一步落实（见图 65）。

图 65　服装店面整体空间规划图示例

（三）微观——展品道具

由于服装商品本身的局限性，要想有效地表达出品牌理念和内涵，必须巧妙地借用陈列道具。陈列道具在设计师手中成为表达媒介，诠释陈列主题的设计要素，呈现出艺术气息，表现出戏剧感，营造出家居气氛。灯光、音乐、海报、建筑材料等都可以成为陈列道具，它们从材质、色彩、功能等各个方面去扩大陈列内涵。

服装店面陈列道具的功能有两种,一是展示服装;二是作为品牌的形象要素之一在很大程度上决定了卖场的氛围。陈列道具一般包括陈列架、陈列柜、陈列板、陈列台、模特台及橱窗所需的辅助道具,道具所采用的色彩、形态及材质必须在品牌风格的前提下展开,并要考虑到商品结构及商品陈列模式,将道具的形式美和商品陈列模式所需的功能性结合,是陈列道具开发所追求的完美状态。因此,在道具投放到卖场之前,必须十分严谨的考虑其美观性、实用性及与品牌风格的适应性,并根据品牌自身产品结构从道具尺寸、局部光源安装的方便性、可拆卸重组性来推敲其在卖场的实际可操作程度(见图 66)。

图 66　陈列道具示例

第三节　服装店面展示空间的艺术手法

一、构成形式

一切视觉形态和视觉造型,无论其本身结构多么复杂,都离不开点、线、面、体这些基本要素的支撑。要素是构成事物的基础材料,了解和研究基础材料的性质和特征,运用新的思维方式和表现手段将其进行有规律的组织、重构,是获得新的展示构成形式的重要方法。

实际上,对于各种艺术的创造来讲,无一不体现着对要素的组织和重构。例如:音乐是通过音符节奏以及旋律等要素组成,舞蹈是通过动作、形体等要素构成;电影则是通过镜头、画面、对话、特写、蒙太奇手法等构成。它们都是对相应的特定要素的经营来获得一定的形式,并为人们所感知和认识的。

服装展示设计是一门视觉造型艺术,它通过点、线、面以及色彩、质地等要素来体现。点、线、面是构成形式的基本语汇,研究这些语汇的内在含义、性质、特征及造型的相互关系,有利于我们掌握各种组织和建构方式,启发我们在服装展示形式构图中的想象力。

(一)点的构成及运用

在环境中,点随处可见,只要相对于它所处空间来说是足够的小,而且是以位置为主要特

图 67 点的构成及运用示例

征的都可以看成点。如：操场上的一个足球，墙面上的一个挂钟，原野中的一间茅屋等(见图 67)。

在服装展示中，一件服饰展品、一个品牌标志、一块装饰色等，都可以看成是展示形式中的点。点无论大小，都可以标明或强调位置，形成视觉注意的焦点。

点的本质是位置的概念。我们平时常说的“地点”“出发点”“终止点”“落脚点”都是位置的概念。在一切平面设计中，点的方位是以中心点为坐标的。在展示中，点的运用很广，它可以规定展品，强调其中心点以突出形象，调节展品与展品、展品与展具、装饰物与背景之间的空间位置关系。

点的表情是丰富的，它具有各种视觉效应，我们可以从点的不同组合形式来进行认知。

1. 单点

是凝聚点，有肯定的心理效应，在空间中势力明显、突出。它还有收缩效应，仿佛四面八方都向它压来。故而可以说，单点是通过引力来控制空间的。当点处于画面中心的时候，点是稳定的、静止的，它有力地控制着其他的物体；当这个点从中心偏移时，它所处的范围就会变得富有动势，给人视觉上的紧张和生动感觉。

2. 双点

两个大小相同的点各有特定位置时会产生线的联想。它是由点与点之间的空间张力形成的，故双点不能形成中心。如果是两个大小不同的点，注意力会先投向大的，然后再逐渐移向小的，形成从起点到终点的视觉效应。

3. 多点

多点会形成排列的线形空间和围合的虚面空间。当环境中有多个点时，点的不同排列、组合能产生不同的效果。有规则的排列可得到有序空间，无规则的排列会产生无序的、动荡的、变幻莫测的感觉。

4. 点群

足够密集的相同的点可以转化为面。大小不等的点不形成面的效应，而形成“近大远小”“近实远虚”的空间感和动感。点群和点群之间会产生面的效应，点如按一定方向排列，会产生时间联想。

在展示构图中，点的运用主要体现在各展品位置关系上，即要排好商品与商品之间大小、距离关系，处理好主次、疏密和聚散关系。要有集中的点群，又要有分散的单点、双点和多点，做到聚散相宜，错落有致，主次有序(见图 68)。另外，还要注意它们的平衡关系，以求得视点的舒适感。点有自由、灵活、动感强的特征和轻快、活泼、生动之性格，在展示版面设计中也有十分重要的运用价值。

（二）线的构成及运用

从几何学概念讲，线是点运动中的轨迹。一条线有长度，但没有宽度和深度。若一个物体其长度比值较大（一般在 10 ： 1 以上），就可以视为线。生活环境中，线的例子非常多。例如，电线可视为线，电线杆也可视为线，电视塔、高层建筑、水平条状建筑、俯视下的江河等都可以看成是线的状态。

图 68　点群运用示例

线一般给人的视觉带来方向感、运动感和生长感，还可以反映面的轮廓和体的表面状况。环境中的线有长短、粗细之分，也有直线、曲线、折线之分。其中直线可进一步分为水平线、垂直线、斜线三种，曲线也可分为几何曲线和自由曲线。这些不同形状的线，各有其不同的表情和性格，能产生不同的视觉效应。

1. 直线

直线的表情和性格总的来说给人以刚直、坚定、明确的感觉。其中水平线给人稳定、平和、安静、舒缓之感，垂直线给人向上、崇高、坚强不屈之感，斜线具有兴奋、迅速、运动、前进之感。利用水平线、垂直线和斜线来进行展示构图时，能使展示具有不同的性格特征。

（1）水平线构图

水平线构图在展示中被普遍使用。特别是一些大型的服装展示，利用水平走向陈列，具有较好的导向作用，可以满足顾客从左到右或从右到左的自然走动的水平视线，并在游动的视点上将展示的全部服饰展品一览无余。

另外，水平陈列具有平和、安详的特征，能满足顾客视觉的舒适感。

（2）垂直线构图

垂直线构图具有向上、稳定、有力之感，由于一般展示陈列在距地面 0.3 ～ 3m 的区间里沿水平方向展开，垂直的运用易将公众的视线吸引到展示物品上去，从而形成主要展品的重点展出区位。人的视觉最自然的移动方式，是从一侧向另一侧，垂直线把注意力引至上下移动，使视线提高，也使陈列空间得以充分的显现。另外，垂直线具有分割画面、限定空间的作用，在横向的平行线可作为展品陈列的基本线路时，可通过垂直线进行分割，终止视线，把观众的注意力吸引到限定的画面上。

（3）斜线构图

斜线构图可以打破平行线和垂直线的稳定性，制造一种动的、富于变化的视觉效果。这种陈列形式会使顾客产生新奇感和刺激感，并产生一种动的、欲求观望的心理，取得出人意料的展示效果。不过，斜线构图必须注意斜度和势向的控制，把握斜线和斜线之间的角度，在生动、活泼的变化中求得统一、平衡。

另外，一点形成中心，向四周放射的斜线可形成扇形、半圆形等多种形式，可将人们的目光集中到焦点上，也可以从焦点引向四方。这种方法可强调重点商品，突出其视觉形象，是一种鲜明的陈列手法。

2. 曲线

曲线是富有柔性和弹性的线，有优美、柔和、轻盈、自由和运动变化之感。在几何曲线中，各种曲线也呈现了不同的性格。其中抛物线具有速度感，给人以流动和轻快的感觉；螺旋线有升腾感，给人以新生和希望；圆弧线有向心感，给人以张力和稳定；S 形线有回旋感，给人以节奏和重复；双曲线有动态平衡感，给人以秩序和韵律。运用这些表情和性格各异的曲线展示形式构图，可调节、活跃画面，使展示节奏明确，韵律流畅，避免设计过于枯燥和呆板，给人以优美、活泼、生动的感受。

图 69　线的运用示例

另外，线的粗细长短也给人以不同的感受。粗而短的线具有坚强、有力、稳定、笨拙、顽固等表情，细而长的线则有纤弱、细腻、敏锐、飘逸等表情。各种不同的表情若运用在不同内容的展示中，其视觉效果是明显的。如，几根粗壮、有力的古典柱式和树桩构成背景，会给人一种雄浑、厚重之感，而绳索或竹竿构成的背景，则会给人轻松、细腻的感觉（见图 69）。

线在展示构图形式中的运用还主要体现在确立线的走势方向和构成画面的基本骨架等方面。在充分运用其不同表情和性格的线来构图时，应注意以下两个方面的问题：一是方向性，即指线的位置延续移动的指向性，通常既要注意方向的对比（方向的不同），又要照顾到方向的呼应和过渡关系（方向相同）。二是各种线的构成不是单一孤立的，而是两种或多种线形的综合运用，这样才能形成丰富构图的形式。

（三）面的构成及运用

几何概念中，面是线移动的轨迹。面不仅具有点的位置、空间张力和群化效应，也具有线的长度、宽度和方向等性质，同时还具有面积所构成的“量感”特征。

面的形状千姿百态，但总体上可以分为两大类，即平面和曲面。平面可进一步分为几何平面和自由平面。

1. 几何平面

几何平面具有较简单、明确和直截了当的表情，它的两个最原始的形状是正方形和圆形。在这两个原始形的基础上，可变化出诸如半圆形、长方形、三角形、梯形、菱形、椭圆形等不同的几何形体，也形成了不同的表情和性格。如正方形的平直、明确，长方形的刚直、舒展，圆形的稳定、柔和，三角形的有力、向上等，都给人以不同的感觉。

2. 自由平面

自由平面的形是随意的、灵活的，其中自由直线平面给人直接、敏锐、明快、生动的感觉，自由曲面则有优雅、柔和、丰富等抒情效果。面的主要特征是具有幅度和形状，所以在面的构成时，要把着眼点放在面的比例、方向、前后、大小、距离上面，即按照多样、统一的原则来处理好它的关系要素。

在服装展示中，面的构成体现在具体的商品、道具、装饰品、标志的相互关系中。我们可以将面看成是每件服饰、标牌等，并称之为“图”，而把背景看成是“底”，根据“图”的不同大小、疏密、松紧、虚实、繁简、聚散、开合来调整与“底”的关系。可以用重复或渐次的方法来形成画面的节奏、韵律，也可以用对称的方法在画面中寻找平衡，或用对比的方法来达到画面的生动感，或用调和的方法来取得画面的和谐统一（见图 70）。

图 70　面的构成设计示例

在服装展示形式中，面的构成如同二维空间的绘画一样，展品的配置过程如同绘画中对形象元素的经营，根据不同形状、大小、色彩、质地的表情和性格来进行相应的组合、搭配。在这当中，确认主要的形象要素并给予充分的表现和强调非常重要，这样才能突出主要形象，突出主题，使之成为视觉的焦点。

面在展示形式构图中还有这样的启示，即根据不同的形状特征来构成画面的主要骨架。如，以正方形为主的形式构图或以长方形为主的形式构图，及以圆形、三角形、梯形、椭圆形等不同形状特征来进行形式构图。

（四）体的构成及运用

所谓体，是指面的移动轨迹。它是三维的形式，有长度、宽度和高度三个量度，一般还有重量感、稳定感和空间感。立体是实际占有空间的实体，它同二维的平面性不同，平面上表现的空间深度和层次是幻觉的而不是真实的，而实体却是在空间中占据实际的位置，并从多角度都可以看到，同时也可以用手直接触摸。体的视觉效果能在不同角度看时产生变化，因而体更能充分地显示出其独具的时间性和空间性（见图 71）。

图 71　体的构成及运用实例

体在服装展示中有很重要的意义，它首先体现在画面中的实际空间效果，大多数服饰都是通过三维状态和立体状态的陈列形式来进行展示的。

因此,立体的状态和效果是服装展示设计中首先要考虑的问题。

立体从形态上可划分为块体、面体和线体三大类。块体是指占有闭锁空间的一种立体,它具有连续的表面,给人以量感、充实感和安定感。

面体是与块体相对而言,但两者之间的区别主要在于:块体有较大的体量,具有视觉上的量感和稳定感;而面体除了具有一定程度的相应实体感外,主要具有平薄的幅度感,服装、纺织面料就属于此类。线体的空间性较小,但方向性较强,在展示中常常是以支架、框架等形式出现,并与面体组合而用。

体还可分为几何形立体和自由立体。几何形立体以圆球和正方体为代表,另外还有半球体、球锥体、圆柱体、长方体等。从这些几何体的表情和性格来看,立方体具有大方、稳重、厚实的效果;圆柱体具有丰富、柔和、亲切之感;三角形立方体则具有安定、向上、稳重之感;垂直长方体给人以崇高、刚直、庄严之感;而横向长方体则给人平直、祥和、舒展之感。如果这些基本形变化出各种不同的立体形态,加上各种不规则的自由立体形、体的表情和性格则会更加丰富多样。

体在展示形式构图中表现在商品、展具、装饰品等各种形式要素所占的空间、位置关系中。服装展品的大小、款式、位置、色彩、质地等都会形成不同的对比效果,另外,通过不同的陈列方法也能获得新的立体效果,也可根据展品特性和要求进行包装以取得新的立体特征。

二、形式美法则

陈列艺术是一门现代设计艺术,广泛地应用于展览、促销活动,平面、立体、色彩三大设计是其设计支柱,而三大设计中的形式艺术设计在商品的装潢、展示陈列中显得更为重要,也应用得较为广泛。在陈列设计中形式美设计应用主要有以下几个方面(图 72):

(一)服装陈列中的比例

比例在品牌服装陈列中的应用是在配置和组合过程中,在数量上进行的最优化组合,是均衡的一种定量特例,具有一定数学比例的关系,在视觉上会感到调和悦目。在服装陈列设计中,几乎所有方面都牵涉到比例。将面积、体积不同的造型和色彩等要素根据比例原理做完美的组织,可以获得美的位置、造型、结构或色彩,运用不同的比例还可以实现所需要的错视效果。调整好各个方面的陈列比例关系是服装陈列中首要考虑的因素,比例的应用是否合适决定整个卖场陈列的成败。

(二)服装陈列中的对称与均衡

绝对对称是美的,但有时也会给人以刻板之感,如果在对称中稍有不对称变化,便可增加造型上的变化,破除刻板,达到活泼的效果。在服装陈列中,均衡就是一种左右或上下等量而不等形的构图形式,能给人以活泼的感觉。均衡的形式结构主要是掌握重心,即保持视觉上的平衡,重在人的心理感觉,服装陈列中应用均衡的方式使人视觉有灵巧之感,从而对商品的感觉是款式多样、富有变化的感受(见图 73),这里服装通过均衡形式进行陈列,左边是正挂与侧挂的组合,右图则是叠装、挂装的组合陈列,虽然两边的陈列形式很不一样,但当人们看

图 72 比例的运用示例

图 73 对称与均衡的应用示例

到这个展示图时，视觉的重心是左右平衡的。此种陈列的形式给人感觉是活跃、不呆板，且目前均衡的陈列方式在服装品牌陈列中应用是广泛的。均衡陈列需要在陈列过程中把握好量的重心，如果做不到这点，那么就会让人视觉不舒服。

（三）服装陈列中的对比与调和

对比是使陈列设计中表现的各个要素之间产生相异性比较，从而达到视觉上的冲突和紧张感。在陈列设计中，形的大小、曲直、长短、高低、动静等都是对比的表现。陈列表现的各个要素之间的对比可以是物质的形态、大小，也可以是物体的肌理质感、色彩明暗或是主题与背景之间的对比。调和是在造型诸要素变化中使其有次序感，它体现在同质要素或相近要素之间的关系上。对比与调和在服装陈列中的应用，可以利用商品与之周围环境不相同的事物特点衬托商品的与众不同，突出商品的特性，吸引人的眼球，提升商品的价值感。调和在服装陈列中的应用起着非常大的作用，使得多种矛盾存在的商品变得有序、和谐共存、相互依衬的关系，没有调和的服装商品将变得杂乱无章（见图 74）。环境色调浅淡与包的色彩形成强烈对比，衬托出包的精致感。该层板陈列时运用了对比与调和的手法，两组 5 个款式不同的手提包，形状、大小、比例不一样，存在对比关系，给人感觉款式多样，形式灵活，可以给顾客更大的挑选余地。5 个手提包的造型手法都是直线形款式类似，包的材料也是一致的，调和了 5 个包的对比感觉，此陈列巧妙运用了对比与调和的形式美原理。焦糖色的装饰瓶也是运用了对比与调和的陈列手法，3

图 74 对比与调和的应用示例

个瓶采用弧线造型，色彩一致，造型风格相同，这些调和了3个瓶的高低、大小、比例的对比。对比与调和的手法在品牌男装店铺陈列中运用，可以丰富陈列形式，并使店铺富有艺术的气息，提高陈列装饰效果，引起顾客的注意，促进商品销售。

（四）服装陈列中的统一与变化

变化指事物在形态上或本质上产生新的状况。变化是制造差异、寻求丰富性、形成多样化的主要手段。没有变化，便会显得平淡、缺乏视觉冲击力。具有强烈的、动人的和醒目的视觉效果，是当今陈列设计的追求，越是醒目给人的感受越强烈。统一是对矛盾的弱化或调和，从视觉艺术的范畴讲，统一意味着在多样化的视觉中寻求调和的因素。变化和统一是互为矛盾的统一体，美学上有"多样的统一"说法，在统一中求变化是服饰陈列设计中的一条基本策略。一幅画的色彩既要色彩统一而让人视觉和谐舒服，又要有变化多样的色彩，才是一幅成功的色彩画。

陈列也是创造艺术美的活动，同样，在陈列中也要运用对比与统一陈列形式。统一和对比是相对存在的，太统一就呆板，变化太多又显得太乱，所以在运用统一时要有变化形式，在运用多种变化形式要采用统一，以免显得太乱。

（五）服装陈列中的重复与渐变

重复是相同或相似形象的反复出现，由此可以形成统一的整体形象。其手法是采用简单、清晰、连续、平和的效果和节奏美感。重复可分为单纯重复和变化重复两种形式。单纯重复即单一基本形的重复再现，体现出现代社会提倡标准美和简约美的追求。

变化重复则是反复中有变化，或者是两个以上基本形的重复出现，能形成节奏美和某种单纯的韵律美，但变化的层次不宜过多。服装陈列设计中常用重复的形式，使不同规格、款式的展品做连续均等的陈列，给人以条理性和秩序感，从而使顾客对服装商品产生美感。（见图75）。服装采用单一的重复形式陈列。这是一个类似工作台的展示衬衫假领、袖口的重复陈列，强调了品牌男装登喜路的现场缝制气息，邀请顾客亲身感受登喜路的百年缝制技艺，展现品牌的卖点，以此细节表达品牌的精髓。

图75 重复与渐变的应用示例

渐变是相同或相近形象的连续递增或递减的逐渐变化，是相近形象的有序排列，也是一种以类似的形式统一的手段在对立的要素之间采用渐变的手段加以过度，两极的对立就会转化为和谐、有规律的循序变化，造成视觉的上的幻觉和递进的速度感。利用渐变是形式节奏和韵律的主要方法。渐变中的突变也是平淡中求得新奇、制造浪漫、使人出乎意料、形成新奇魅力的有效形式。领带采用色彩渐变的方法陈列，从上到下，色彩明度由明到暗的色彩渐变。这种陈列方法形成视觉强有力的印象，令人有律动感和整齐感，获得自然舒适的视觉享受。

（六）服装陈列中的节奏与韵律

节奏与韵律本是音乐与诗词等具有时间形式的听觉艺术用语。节奏本指音乐中交替出现的有规律的强弱音、长短音的现象，韵律指诗词中的平仄和押韵规则。就视觉而言，节奏的含义是某种视觉元素的组织或多次反复，使之产生高低、强弱的变化。如同样的色彩变化或同样的明暗对比多次反复出现，使之产生一种类似音乐中节奏的感受。服装采用挂装陈列，衣服运用色彩间隔的方法陈列，上衣与裤子的搭配让整个卖场看上去丰富、灵动、长短变化，产生节奏感，富有韵律，而且带动两者的消费。领带墙高低错落陈列形成节奏和韵律，这种陈列方式，较之放在小格子里那种普通的领带陈列方式，更吸引顾客的目光，加上圆茶几、柔和的灯光的衬托，显得这面领带饰品墙富有艺术气质。

第四节　服装店面展示的技法与步骤

当设计师面对业主，首先要了解他们的展示意图，包括展出的内容，参展的形式规模，针对的观众群体和预计的展览回报效益；其次要熟知展馆的全面情况，包括摊位的位置，总体展览布局，还有展馆能提供的设备及用电情况；另外，还要大致了解周围相邻摊位的展览情况，根据这些资料，再开始细致、严谨的设计工作。

一、构思阶段

使用如下一个流程：

（1）设计动机和目的；

（2）收集资料；

（3）市场调查问卷；

（4）提炼设计概念；

（5）进行艺术环境设计实务；

（6）修改设计方案得出最后设计。

各步骤可根据实际情况灵活变动，例如，市场调查问卷根据实际情况可放在资料收集和艺术环境设计之间，在 最后设计之前。下面将一一叙述各步骤的具体内容和原理。

（一）设计资料的收集

设计之前首先要进行资料的收集，设计概念的提出往往是对包含目标信息的资料归纳和提炼，集中的表现来源于营销策略、产品性能、品牌定位和风格定位的设计目标，所以资料的收集对于设计方案的确定非常重要。那么如何才能收集有效的资料，并又能保证资料的全面性呢？用 “5W”的分析方法正好可以帮助设计人员解决这方面的问题。“5W”法的设计是：

Why——为什么？

When——什么时间？

Where——在哪里、场地怎样？

Who——为谁服务、目标客户是谁？

What——产品是什么、特性、类别及目标消费群如何？

（二）市场调查与分析

市场调查在设计中的地位相当重要。许多设计事先不了解市场、不做市场调查的做法是不妥的。市场调查一是为了证明所收集信息的正确性，二是了解市场与顾客需要，三是验证和修正设计。

1. 市场调查的内容根据展示目的、产品、服务性质的不同有不同的侧重点。

2. 市场调查的要求：

（1）在调查中不对被调查人员进行任何的导向和暗示，应做到客观可靠；

（2）调查力求随机、典型、覆盖面广；

（3）调查条目是有时间限定的，随着时间的更替调查的内容和结果会有改变，应根据情况作相应的调整和完善。

3. 调查结果分析

有了调查结果，还得进行有目的性地分析，分析期望得到的结果包括：

（1）检查“5W”法所收集资料的确切性；

（2）对调查内容进行总结分析，得出初步的设计概念；

（3）修改当前方案，得出最后的结论。

（三）设计概念的提出

概念是设计的“灵魂”，人们都在嚷着“概念概念”，那么何谓设计概念？面对众多的资料，我们如何抓住主体思想得出设计概念呢？服装展示的概念着重从主题、环境、个性三个方面考虑。服装展示的概念是根据企业资料和市场调查情况，经过分析、综合和提炼得出的。概念也决定了展示的风格，这一直是设计的头疼问题，人们常常会说 “某某设计没有风格”，经研究综合各种因素，发现服装展示的概念主要由产品、潮流、设计概念、设计理念几个方面决定。

概括而言，服装展示设计的原理可以从以下三个方面考虑：

（1）功能、经济、美观为要素的系统设计，形式力求美观抢眼，能起到摆放、陈列和宣传产品的目的，并做到造价的经济合理。

（2）“以人为本”“为人民服务”的本位思想贯穿始终在尺寸、照明和色彩设计上时时刻刻以最大的限度满足人的舒适性和安全性。

（3）树立形象和广告宣传效应，一个展厅就代表了一种品牌，所以他在风格定位和 VI 的使用上特别讲究。它讲究风格统一、形象鲜明、主题明确。服装展厅展示包括服装展示设计的概念、特征及分类，服装展示设计的基本元素和步骤，要研究中式服装的展示，必然要对中式服装以及中国元素做一些归纳和分析。

二、草案阶段

第一步工作要从草案做起，把上面我们需要了解的情况作一个文字性的提要，依照这些资料着手草案设计。

（1）品牌定位；

（2）风格定位；

（3）色彩定位；

（4）构成形式定位；

（5）符号语素定位；

（6）空间周边环境要素；

（7）现场提供的设施、组件；

（8）经济分析；

（9）消费心理分析；

（10）企业文化。

草案的第一个关键问题是解决平面分区和流线，确定好摊位所处的位置，分析人流的方向和主次干道的比较，将摊位的展示方向大致确定，再将人流从外到里流动的线路勾画出来，然后依照这个线路再作分区安排。在草案阶段，不一定要按照尺寸，倒是可以从面积的比例关系上排出主次，并将需要的功能区域合理地安排在路线两侧或中央。这一阶段的工作主要是协调各区域之间的关系方位和流线的最佳方案。

草案阶段的第二个内容是树立立面的大体风格，一是根据业主的企业特征或品牌形象，二是根据展品自身的特色，三是融合业主的审美水平。

在稿纸上可以大胆地勾画各种可能适合的形式。草案阶段不怕想法多，就怕没主意，尤其是业主无任何要求的情况下，就需要我们动脑去想，体现了自己的审美风格，为业主提供各式草案建议。

三、扩充阶段

如果草案能够大致确定，就需要着手作初步方案的扩充工作，这个时候需要有严格的尺寸参考，在草案基础上作出精确的功能分区，扩充阶段是草案的深入，不仅在规划上要深入推敲，且需要对空间透视或轴测图作初步构思，以便全面地分析方案。

四、完成制作阶段

经过平面方案和透视图的全面设计，最终确定一种最佳方案。确定方案之后，需要制作正式图纸，平面、立面、顶棚、轴测、透视，或者用电脑辅助绘制方案图，也可以选择用模型来表现。对于模型而言，空间更好把握，在制作阶段，还可继续调整方案。

综合以上内容，服装展示设计的步骤为：① 收集资料并分析资料，得出设计概念。② 造型设计，符合美学和人体工程学的原理。③ 合理运用企业的标准色、广告画和 LOGO 等。④ 工程预算，绘制施工图。⑤ 方案评价与改良。简而言之，就是一个调查、构思、制作、评价，不断优化的螺旋式设计过程(见图 76)。

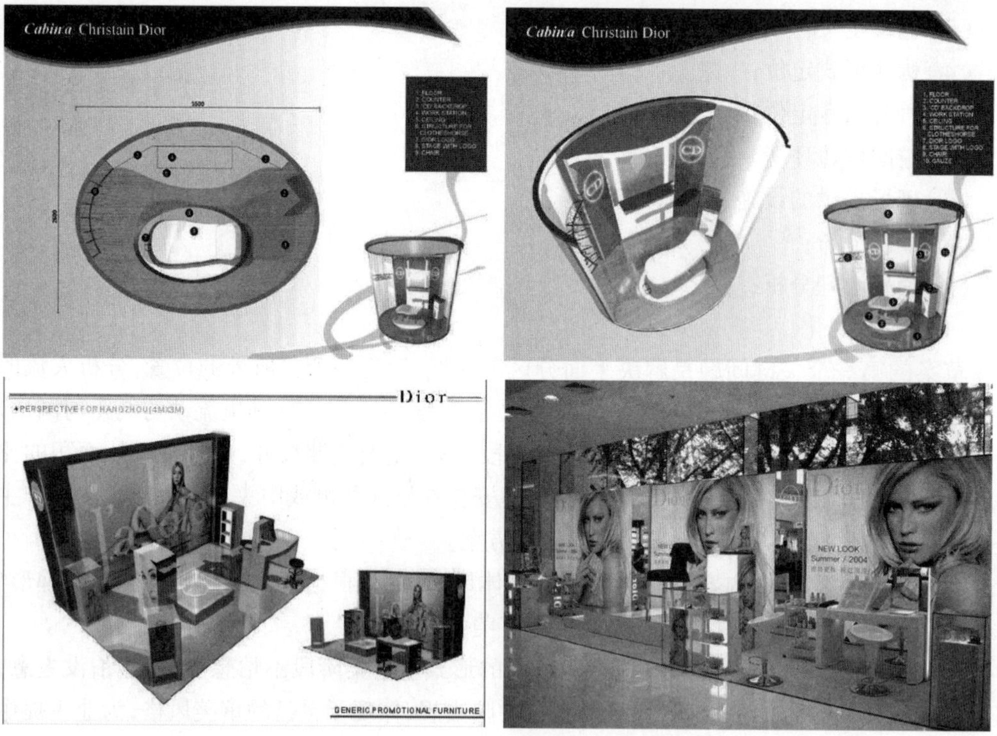

图 76　服装展示的设计过程

课后思考题

1. 店面整体规划需要注意哪些事项?
2. 说说服装企业店铺营销目的?
3. 说说品牌营销与店面决策的关系。
4. 店面的决策要素有哪些?
5. 运用店面整体规划的原则,模拟对一品牌进行店面的整体规划。
6. 举一实例分析地理位置对其店面营销的影响。
7. 模拟对一个服装店面进行初步的策划分析。
8. 点的构成及运用。
9. 举一实例分析一下自由平面。
10. 简述形式美法则在服装店面陈列中的具体应用。
11. 举一实例分析服装陈列中对比与调和的运用。
12. 如何运用平面手段制造出空间感? 试设计两种方案,且进行简单分析说明。
13. 构思阶段的准备工作有哪些?
14. 解释“5W”。
15. 服装店面展示的构造过程及其技巧是什么?
16. 服装店面展示的步骤有哪些? 具体内容是什么?
17. 请授课老师指定一平面图学生做一套完整的店面设计练习。

第六章 服装店的陈列设施规划

第一节　视觉营销与服装陈列

视觉营销(Visual Merchandising)是指在营销活动中,企业利用视觉传达的方法传递顾客价值,吸引和影响消费者,诱发消费者反应的活动过程。其特点是利用设计、色彩、造型、灯光、布置、展示等手段将产品、形象和理念,通过视觉传媒,由可视的形态进行展示,凸显产品特质,提升产品价值,传达企业信息和经营理念。通过视觉营销,造成视觉表现和冲击,吸引潜在顾客关注企业的产品,激发消费者的购买欲望,最终达到销售目的。这是一系列营销方式的组合,它涉及美学、材料学、心理学和建筑学等多种学科,融合了声光、影像等技术,服装陈列是视觉营销的重要组成内容。

一、视觉营销的构成要素

视觉营销是企业整体营销战略的重要组成部分,视觉营销贯穿营销活动始终。从品牌风格设计到服装设计开发,再到品牌推广和服装销售,每个环节都围绕统一的视觉营销核心,通过各种视觉营销要素的有效运用和艺术设计,达到视觉营销的目的。从视觉营销的过程看,视觉营销的要素主要包括品牌风格、终端销售环境和空间布局以及视觉营销的管理等几大部分;从视觉营销的具体操作层面看,视觉设计要素主要是指色彩、结构、光线等艺术设计要素。在实际操作中,视觉营销的构成要素主要从以下几点进行把握。

(一)品牌风格要素

风格是商品的各个构成要素通过有机结合,在整体上呈现出来的各种代表性特征。按照各种特征的文化属性、风格可以体现出艺术、社会、审美、民族、时代等方面差异,例如古典风格、浪漫风格、传统风格、乡村风格、都市风格、简约风格、前卫风格等(见图 77)。

1. 品牌形象

品牌形象不是物态形象,而是顾客通过直接消费商品或是受到广告、传媒和他人的影响,对某个品牌的商品或理念等的总体认识、评价和态度。或者说,品牌形象并不是具体的形象,它是顾客对商品的款式、质量、价格、标识、广告等物理属性、符号属性以及品牌价值的总体认识。其中,品牌的物理属性决定商品的实用功能,符号属性决定品牌的识别标志,而品牌的服务、信誉等品牌的附加价值,使顾客能够从中获得心理上的满足感和荣誉感。现今,越来越多的顾客把品牌作为消费的第一选择,他们希望商品能够反映他们的理想、情感和个性。商品品牌则通过特有的品牌文化,将人们所追求的理念人格化、形象化,从而使顾客可以寻找和选择一个可以寄托理想和情感的对象。

2. 品牌标志

企业标志、标准字和标准色的设计是企业形象的视觉识别标志。一个标准的品牌要包括独有的读音名称，用于视觉传达的相关文字、色彩和图案以及上述内容的组合形式经过有关法律注册登记后形成的商标。

3. 品牌宣传

广告是品牌宣传运用最多的营销手段。在商场里，广告通常以平面设计的形式出现，有时也可以采用通过放映机播放录像片的形式展示。广告内容一般包括企业或品牌标志、商品介绍或品牌形象以及用于强化效果的广告词等。广告形式多样，内容丰富，能够有效地传达各种信息。在广告画面中加入现象生动、引人入胜的广告词，使概念和视觉形象有机地结合在一起，起到互相补充、激发联想的作用，能够帮助顾客深入理解广告想要表达的内容，并且有利于记忆和广泛地传播。因此，广告在引发顾客兴趣以及促进沟通方面，扮演着十分重要的角色。

（二）零售终端环境

在商场中的顾客，其注意力具有分配性、选择性和不连续性的特点。尽管顾客有购买的目的性，但是常常需要在浏览中寻找目标，所以，他们的注意力又有很大的随意性。在这样的情况下，仅仅靠新、奇、特和声、光、色来吸引顾客是远远不够的。毫无目的的刺激顾客，不但难以达到所期望的效果，甚至会起到相反的作用。显然，为了真正吸引顾客的注意力和引起他们的兴趣，所展示的内容和需要突出的特点，必须是顾客希望了解和愿意看到的，尤其要考虑他们还没有完全意识到的潜在需要和兴趣点，也就是说，展示设计的关键是突出“看点”，这样才能形成“卖点”（图 78）。

1. 设计因素

刻意制造“热闹”，盲目堆积商品，是视觉营销的大忌。把商品的陈列、展示提升到视觉

图 77　服装品牌风格示例

图 78　零售店面环境设计示例

营销的地位，绝不是文字游戏或时髦概念，而是一种包含了艺术性、技巧性和科学性的新型营销理念，它最基本的特点就是突出了商品的陈列、展示在功能性和艺术性上的结合。为了能够体现视觉营销的这一特点，对设计的研究和准确合理地运用是必不可少的。

2. 装饰因素

装饰是大量应用于展示设计的辅助手段，主要指花束、工艺品和各种布景道具，它的功能主要表现在两个方面。一是用于美化和烘托气氛，使顾客有一种轻松、愉悦的心情；二可以起到暗示、象征和引导作用，使顾客理解商品的市场定位、风格特点和价值理念。一个好的设计能够让顾客产生宾至如归的感觉。装饰设计是突出个性的有效手段，具有很大的创意空间，如果运用得当，会极大地提高视觉营销效果。

（三）空间布局

在视觉营销观念里，空间布局设计已经不仅仅是三维空间的概念，而是增加了第四个维度，即时间的概念。也就是说，为了达到吸引顾客的目的，营销场所的布局应当根据季节、商品和营销策略的变化适时改变，并且要不断加入新的创意，使顾客，特别是忠诚的顾客始终保持新鲜、有趣的感觉，这一点对服装企业尤其重要。

二、视觉营销的内容

服装视觉营销的核心就是通过视觉设计和展示，感动、吸引消费者。视觉营销的目的在于通过视觉设计，传达和展示服装品牌内涵、服装产品的个性和企业的经营理念。视觉营销的内容从广义的角度看，包括企业的 CIS（企业形象识别系统）的全部内容，从实际操作的角度看，视觉营销的内容概括如下：

（1）店面。顾客第一印象是店面，包括店面在商场的位置、面积、店面设计的风格以及要表达的想法等（见图 79）。

（2）陈列。视觉营销要求对产品进行三次设计：第一次是原始的设计，第二次是卖场的陈列设计，第三次即再设计、搭配。陈列师要在原有的基础上再设计（见图 80）。

图 79　店面设计示例

图 80　陈列设计示例

（3）人员。除了店铺，顾客接触的就是店员，所以店员的综合素质、仪表、举止等需要严格培训和管理，所以很多服装企业和商店非常注重现场导购人员的遴选、岗前培训、上岗后的管理和再培训。店员是最直接和消费者沟通的人员，他们的举手投足、形象代表企业和品牌。

（4）服务。顾客通过体验感受品牌所倡导的时尚生活，感受产品本身所能带给顾客的核心价值。此外，服装店里装饰的鲜花，备有咖啡、点心、糖果、杂志的休息角烘托着温馨的氛围，则是品牌文化和品牌个性点滴细节的流露。

（5）环境。消费者一进店，看到的不光是满堆的货，而是建筑艺术、装潢艺术视听艺术、嗅觉艺术等元素综合运用所设计营造的一种环境，让消费者感到这个店面的文化和品位。

（6）产品。产品是视觉营销的核心，产品不行其他做得再好也没用，毕竟消费者最终选择的是产品。

（7）服装展示会。服装产品特有的色彩、款式、质感、风格要素通过展示会能淋漓尽致地表达出来。

三、视觉营销应遵循的原则

视觉营销主要基于营销管理和艺术设计，所以视觉营销应遵循的原则可以分为两个层面，即营销层面和艺术层面。

（一）视觉营销应遵循的营销学原则

1. 统一性原则

视觉营销是企业整体营销的一部分，视觉营销的核心理念和原则始终要同企业的整体经营思想保持一致，视觉营销工作的进行要围绕企业整体营销战略的开展而推进。视觉营销一旦背离企业营销主体，将会造成企业形象模糊，视觉所传达的理念不准确，目标消费者流失，品牌定位偏离等营销问题。

2. 协调性原则

视觉营销虽然是品牌传播和产品销售的最有效的途径之一，但在实际中，应特别注意视觉营销手段同其他营销手段的综合运用。营销手段的综合运用的效果往往能起到事半功倍的效果，这是营销管理人员的共识。但是，在视觉营销过程中，视觉营销工作往往会形成独立体系，不能很好地同其他营销策略相协调、配合，不能达到最佳营销效果。

3. 持续性原则

视觉营销伴随企业营销管理工作的每一环节。企业的每一项和每一阶段营销工作的开展常常会导入视觉营销，因此在引入视觉营销策略之初就要有长远的设想，不仅要使视觉营销策略同企业的整体营销战略相一致，并保持与其他营销策略的协调，更要注意视觉营销要始终围绕同一风格、理念和品牌文化，用视觉刺激手段持续地向目标消费者传达统一的思想和风格。

4. 创新性原则

视觉营销本身就是一门新学科，它还处在不断发展和完善的过程。随着科学技术的进步和社会观念的改变，视觉营销必定会广泛的运用和快速发展。企业在应用视觉营销手段的过程中，特别注意不要故步自封，或是亦步亦趋地模仿他人的做法，只有不断创新才是视觉营销最有效的途径。视觉营销要创新，视觉营销设计人员、操作人员和管理人员必须具有创新的思维，要不断地学习和采纳新技术和新方法。视觉营销方式的创新往往会造成较为强烈的视觉冲击和营销反应，获得意想不到的收获。

（二）视觉营销的美学原则

1. 典型的原则

视觉营销必须遵守典型的原则。典型是指所选择的商品式样、颜色、质地和服装模特儿等应该代表当前同类产品的精华以及传递最新的消费信息。最具有美感的典型商品也就是美与实用价值相适应的商品，只有这样的商品才能使顾客与产品之间产生感情交流，才能刺激起他们的购买欲望。另外，典型的原则还包括正确地安排整个设计的重点，也就是突出主题，将商店的重要商品陈列在显要位置。通过这些重点商品可以使顾客一眼看出这个商店的经营特色。当然，重点也要体现在和谐之中。重点商品所在最主要的位置称为辐射线的中心，应配以较高档的陪衬物，同时重点商品的下边最好加以简短的文字说明，说明这些商品的性能与特点等。根据有关研究，从刺激源的性质与注意和记忆的关系来看，一般的图像可以引起 78% 的注意力，而文字为 22%，这说明具有形象性的对象更利于吸引注意力；与之相反，文字可以唤起 65% 的记忆，而图像为 35%，这说明具有抽象性的对象更有利于引起回忆。因此，将典型商品与一定的文字说明相结合，两者相辅相成，会有意想不到的效果。消费者的审美心理是实用与美观的结合，是质量与价格的结合，而视觉营销的过程本质上是对消费者起引导作用的过程。

2. 和谐的原则

视觉营销还应当符合和谐统一的原则，其中包括所选商品的平衡感。平衡感是指用于展示的商品的质地、色彩、体积、空间等，在人们的心里感觉上应该重量平衡。例如，如果毛料在陈列的左方，右方是丝绸，这样在重量上当然两边就不平衡了，就应当在丝绸这边放置一些别的商品，使整个展示左右具有平衡感。另外，还包括在前后设计风格上要有连续性，达到前后和谐统一。重复强化对于记忆和理解都是十分重要的，所以进行视觉营销设计时，必须明白这个简单的道理，保证展示、陈列始终保持一个特有的风格。风格鲜明的事物可以使人在一瞬间获得强烈的视觉感受，比起具体的细节来更容易区别和把握，在视觉传达时的作用就更加有效（见图 81）。

图 81 和谐统一示例

如果由于销售的商品或企业的营销策略发生了变化，或是为了适应时尚流行的需要，或是为了与对手进行形象竞争的需要，视觉营销的设计方案必须加以调整和改变时，就要尽量调动可能的因素，使用各种手段来保证风格的连续性和一致性，使风格特点万变不离其宗。保持风格的持续稳定，绝不是说在设计创意和手段、方法上一成不变，相反，恰恰需要在思路、观念和手段上坚持不断创新和变化，才能使风格能够坚持下去。

风格并不是各种形象素材的简单叠加，而是它们的综合结果。所以，正确的观点是：要把风格作为一个整体形象来把握，同时，要创造性地对技巧和工具加以运用，始终保持形象的鲜活。缺乏新鲜感和趣味，风格将不复存在。

3. 清晰与朦胧相结合的原则

视觉营销还应当坚持清晰美与朦胧美相统一的原则。人们欣赏清晰美的心理，就是追求视觉的明见度，这种明见度消除了人与物之间的主客距离，从而达到人与物之间的感情交流，以获得美的享受。在商店里，我们经常看到许多顾客在购买商品的时候，常常要求售货员把商品拿给他们看看，这就是顾客追求明见度，以期获得清晰美感的心理表现。但是人们有时也需要另外一种美，也就是我们常听到得“雾中看花”“月下观景”的美。这是因为，当人们的生理感官无法得到客观世界真实而完整的形象时，人们可以凭借自己的想象去获得它，使用过去美好的记忆去复现与组合，创造出一个与真实的形象相类似的假象。在审美的联想中获得美的享受，即通过人自身的美好联想而产生并得到一种美的体验，这也是“距离产生美”的原因。人们对于清晰美和朦胧美的心理需求，决定了在视觉营销过程中应注重虚实搭配，既要有近距离的“亲密接触”，又要有“可远观而不可亵玩焉”的距离美。

4. 生动形象的原则

视觉营销的设计还应当生动形象。无论是产品、包装，还是品牌名称、标志的设计，都不可能完美无缺。这就需要在展示和陈列设计时加以修饰和“包装”。这好比是人的五官，单独看并不一定漂亮，但是它们有机地组合在一起的时候，就可能有十分生动的表情和无穷的韵味。生动就是给人视觉上的冲击和联想的乐趣。一切闪烁的、明亮的、反差强烈的、新鲜有趣的事物，都会使人感到新奇，进而产生观赏的需要；而能够启发思想、激起好奇心的、具有幽默感和构思巧妙的事物，总能够让人产生许多联想，在脑海里形成各种各样的形象。因此，视觉营销的设计应调动灵活多变、不拘一格的创造性思维来进行形象的创造，从而使设计的表现力和感染力大大加强。

遵循上述原则所设计出的终端视觉形象不仅在感官上给消费者以赏心悦目的享受，还能产生一种强烈的现场感召力，吸引顾客进入一种氛围，让顾客全身心地体验商品魅力。在伦敦的一家品牌店里，桃花心木的柜架、壁炉，维多利亚时期的漫画、马球棍、雨伞架、马车上用的时钟、刮胡子专用的镜子等巧妙搭配构成一幅古典英国的景象。置身其中的顾客仿佛回到了维多利亚时代的英伦，而商品则逃离了实体，进入了戏剧的、情感的状态：硬件的空间设计是舞台，店员与模特儿是表演者，顾客是观众，而商品则退居其后，成了舞台上的布景或道具的一部分。如果说在这里购物是购买了这个空间所营造的氛围，而商品只是额外获得的赠品，似乎也不为过。

对服装零售终端进行艺术设计还必须重视细节。比如服装与服装的搭配、服装与配饰的搭配、服装与道具的搭配等。配饰和道具的合理运用会使服装的款式和主题更加直观,令店内陈列更加符合视觉美感。不仅如此,巧妙的陈列还可以指导消费者的服装搭配技巧,提高消费者的购买欲。另外还应当注意灯光、色彩、音乐甚至香味等手段的运用,以强调卖场的形式美和情调美,引发人们视觉、听觉、嗅觉、味觉、触觉的全新感受,进而认可陈设其中的服装。

总之,顾客对商品的审美心理,是以美观与实用相结合为原则。如果一件商品首先能引起人们的美感,产生一种心理上的愉悦,这就是第一步成功。在美观的前提下,加上商品的使用价值,同时兼顾价格的合理,那么,这个商品就具备了畅销商品的三个要素。而视觉营销活动就是要显示这三个要素,凡是能够充分显示商品的美学价值与实用价值的设计就是成功的、美的设计。所以,我们在视觉营销的艺术构思中,必须努力组织一个单纯凝练、新颖独特的构图,设计一个清新悦目、统一和谐的色彩,才能较好地表现主题、装饰商品,有效地增强商店的艺术感染力,最终引起顾客的兴趣,并使他们在观赏时获得一定的艺术享受,从而加深记忆,成为企业最大的潜在顾客。

第二节　优秀服装卖场的陈列原则

一、服装陈列的原则

服装是一种商品,现代社会人们对服装的要求越来越个性化,消费也越发趋于理性,情感消费在销售中的因素越来越受到关注,所以,服装在销售空间的陈列效果对于消费者有目的的引导和销售的促进显得更加重要。

应根据所展示服装的特点来进行陈列,准确地表达服装商品的特征。设计手法要符合服装商品使用的规律,不要因为一味追求设计而引起顾客的反感。道具的选用和色彩的应用都要符合逻辑,要配合商店整体风格。注意设计的风格化和生活化,利用商品的特点、道具特点制造出能让顾客产生好感的有亲和力的服装展示气氛。在大型商场里进行设计时,应注意与商场风格之间的协调关系。一般来说商业空间的服装陈列有以下原则:

(一)吸引和引导消费者

服装的陈列要能吸引消费者,使其产生兴趣,引起共鸣。获得情感交流和审美认同,从而产生购买的行为。即使没有引起购买的行为,也要能给顾客留下深刻的印象。

为了将各种系列的服装的最佳卖点展示给顾客,应根据服装本身的特点灵活选择货品的展示部位、展示空间、展示位置、叠放方法等(图 82)。

(二)有序和便捷的陈列

产品归类明确,摆放有序,使人一目了然。陈列方式要方便顾客及销售人员拿取。杂乱无章的陈列和购物过程中的不便，都会使消费者产生烦躁情绪，从而留下不愉快的印象。

（三）丰富和有趣味的陈列形式

陈列形式丰富多样，强调个性，避免雷同，给顾客多种选择的乐趣，使消费者在获得丰富的趣味性和视觉享受后产生购买的欲望。

上架展示的服装应齐全，吊挂展示可按照系列、类别、颜色、规格的优先顺序，根据零售店的利用空间确定展示数量，叠放陈列则尽可能齐色齐码，对于色、码不全的服装可另类摆放，以免影响顾客的挑选。分类的重点是让消费者方便选择和选购，设计出最适合该商品的分类方案（图 83）。

图 82 服装陈列展示空间设计示例

（四）和谐统一

对于美与和谐的追求是人的天性。服装陈列丰富的各个要素需要和谐统一，带给人们愉悦的精神体验。

（五）注意安全

安全性体现在安全第一的责任意识，慎重对待安全的有关因素。对货架、货柜以及道具等设施的平衡稳定及消防、环保的要求等要给予充分考虑。

图 83 丰富和有趣味陈列设计示例 2

图 84 丰富和有趣味陈列设计示例 1

二、陈列风格

任何一个展示设计都有特定的目标，这是由品牌、服装商品、经营模式所决定的。例如，实行连锁经营的品牌，就需要制定统一的展示方案，并且在其各个专卖店统一实施，从而保证标准的统一和形象的一致，这是一种统一形象模式的原则。对于主要围绕商品的款式更新和流行性制定销售计划或是以采购实现商品组合以及经营多品牌服装的商店，就需要更多地考虑对商品展示与陈列模式的研究，适时地调整自己的展示方案，从而使之适合所经营商品的情况。所以，服装店内的展示设计风格需要有一个整体的规划。

（一）情景化

店铺无论大小或档次高低，本质上都是一个购物环境，绝不是一个仓库。必须考虑顾客只要来到店铺里，就会触"景"生情。景有两种类型：一是主观意愿型，就是品牌经营者和设计师把自己的意愿和价值观念充分地表现出来，这是以打动和征服顾客作为设计理念的模式；二是客观适应型，它以顾客的好恶为根据，不会把自己的观念强加于人，而是以满足顾客的需求为己任的一种模式。前者以各种手段造景，观念独特，技术运用随心所欲，以彰显个性为主要标志，多为一些大品牌或个性化品牌所采用，容易被具有文化感受力的顾客所接受。后者的设计体现在：一方面迎合顾客的文化品位，注重营造一种具有生活场景特点的休闲氛围；另一方面迎合顾客对商品的感受，注重创造良好的商品形象。

无论采用什么设计思想，都必须充分认识到顾客对于情景感受的要求。这也是实施体验营销的基本原则。但是，绝不能离开顾客具体的体验诉求，而一味地片面夸大生活情调的作朋，把它理解为氛围的全部含义。事实上，许多顾客追术的是一种浓厚的商业气息，喜欢看到琳琅满目的商品陈列和享受细致、周到的服务。

（二）艺术化

服装商品是多形体、多结构、多色彩、多品种的，并且需要在商店里大量集中。那么，怎样既表现服装商品的美，又实现环境的美，既有视觉上的美感，又有活动中的适意，既真实可信，又意味深长，才是艺术性追求真正的落脚点。因此，在设计中，就要根据商品陈列的实际需要，确定展示的主题，在明确的目的指导下进行创意，敏锐地把握能够传达主题内容的造型和结构因素，并且根据顾客的视觉、知觉特点，衡量其直觉感受力和形象理解力的实际水平以及他们对于商品美、环境美、服务美的认识和要求，将形态所建构的视觉传达与观念所决定的审美意识结合起来，把商品表象凝聚成艺术形态，在设计形态上找到并形成一个审美的视角，使顾客在瞬间的视觉感受中能够感知到商品的艺术性，并从中得到美的享受。

（三）形象化

无论什么形式的展示设计还是顾客的感受和体验，都是诉诸于形象的。展示设计既是以整体形象为目标的系统化形式语言，也需要利用来自于各个形象要素的标志性、典型性特点来进行具体的、个别的符号传达。只有恰到好处地运用了具有符号性质的元素，才能实现商品展示的识别功能，因为单纯的感性形式并不具有确切的意义，它能够调动情绪，却不能帮助理解。也就是说，一个良好的感受并不能保证达到品牌传播的目的。

服装店展示设计中的形象性是指风格的鲜明性、概念的明确性、特点的典型性，这在很大程度上要靠形式的独特性才能做到。

三、实例分析

（一）女装

女装在形式、款式、色彩、质地等方面都具有丰富、多样性。女装中对于礼服或职业装的陈列，最好是选择人体模特来进行，动作应以直立或有微妙动势的站立为主，要突出女装的轮廓线，穿着合体、服贴，以展现女性形体的美感。领样、兜口、袖口、扣子一定要严谨有序，尽可能显现出诸如装饰扣、装饰带、开襟等特点。而休闲装、便装的陈列则比较自由、灵活，模特的动作也较随意，可用叉腰、扶靠的站立姿势，也可模仿生活中常见的动作。这类服饰陈列应追求潇洒、活泼、富有情趣和意味，给人以轻松、愉快的感受。另外，也可用支架、吊杆等多样化的展具陈列。泳装、内衣一定要选用人体模特和半身模特来进行陈列。在动作选择上，可用直立式，以显端庄大方，并要充分展现服装款式。也可以采用灵活生动的游泳姿势和运动姿势，再配以诸如海螺、珊瑚以及鱼类模型做饰物，会取得更好的效果。

（二）男装

男装中最富有代表性的服装是西服。在陈列时应该着重体现庄重、严谨、大方之感。西服最好用人体模特展示，动作姿态应以直立或正坐为主，展现服装的正面或正侧面，避免使用躺、卧、蹲等随意的动态。西服一定要跟衬衫、领带相搭配，衬衫的款式、色彩应与外装相协调。两领带是男性化的特征，是西服中的点睛之处，如果在色彩和质地上与外套和衬衫合理搭配，可取得画龙点睛的效果。

一般来讲，男装中的正装多以深色或素色为主，非正规场合的服装则色彩明快，有休闲的意味，可分为商务休闲装和时尚休闲装。因此在陈列的时候，可以根据不同的性质来选择背景环境、色彩、道具等。如书籍、手杖、欧式家具等配合陈列，可以彰显高雅的格调，营造庄重气氛。

（三）童装

在童装陈列中，应选择形象写实的儿童模特，尽量少用动作呆板、表情无变化的垂直立式，动作设计得自由灵活，富有动态和生动的表情，可以拉近同观众之间的距离。尽可能采取儿童套装或序列套装进行整体展示，给人以整体感。童装陈列应该选生动、活泼、健康的主题，可以选择一些童话、典故和儿童生活内容的题材，吸引观众的兴趣。饰品和道具的选择可根据所展示服装的不同特点和传达的主题来定。如将各类玩具、模型、学习用品、儿童画等配合陈列，可增加趣味性，童装的色彩应鲜亮、明快，避免灰暗、沉闷。

总之，童装的陈列中，生动、活泼和趣味性是最为重要的，切忌呆板、乏味，要尽量做到第一时间吸引儿童的注意力，同时也要注意营造一种欢乐和情景化的场面，这样会受到儿童的喜爱，对激发潜在的购买动机有很大作用。

（四）运动装

现在运动休闲已成为人们生活中的主要方式。运动装的展示，多以弘扬体育精神和人类超越自我、挑战极限、追求卓越的英雄气概为宣传重点。一般以运动项目、体育明星和演艺明星为品牌形象代言人，以迎合消费者的崇拜心理。

（五）家居服

家居服以轻柔适体、自然舒适、方便起居和兼顾个性化需求为基本特点，多用棉质、丝质材料，颜色柔和、淡雅，与居室环境协调一致。以人体模特进行展示可以收到较好的效果。展示陈列柜样式模仿家庭环境，使消费者有轻松、自在的感觉。运用简单的正面与侧面组合的悬挂形式，既展示了服装的款式特点，又充分利用了空间。

（六）皮草装

皮草及饰品的高品质和天然材料特性永远是追求时尚的人们所追求的展示方式，首先需要灯光明亮和宽敞的空间，在展示中注重环境的烘托和色彩的运用，突出皮革服装高品位和高层次的理念。

（七）民族装

以民族精神为主题框架，确保展示风格的整体性，在展示陈列上可尝试细分专业展区模式，还可以主题模式彰显，以便观众能更好地了解民族服装文化。

第三节　服装店内外设施

一、店外设施

店外设施是店铺外在公共区域的设施设备。通常，店铺室外形象的概念主要指外观结构与装饰形象，包括店铺外部上下、前后、左右以及周围的一切结构与装饰。室外形象规划与装饰的基本要求就是吸引消费者进入卖场。

店外设施包括招牌、外观、出入口、橱窗、外部照明。

1. 招牌

招牌是店铺最主要的形象与装饰要素，起着招示的作用。招牌的样式设计和安装位置是标志设计的具体体现，必须做到新颖、醒目、简明、大方，能够引起顾客的注意。此外，招牌的位置要使顾客在较远的地方或不同角度都能清晰地辨认，夜晚应该采用适当的照明或使用霓虹灯作为招牌。

2. 外观

外观是卖场给人的整体印象和感觉，既能体现品牌的档次，又能体现品牌的个性，同时也充分体现着品牌的理念。从风格的角度来看，可分为现代风格和传统风格。

现代风格的外观给人以时代的气息，适合于时尚感较强的商品；传统风格则比较适合于高端、典雅、民族化的商品。

3. 出入口

在规划卖场的出入口时，首先要考虑功能性和安全性，保证卖场出入通畅，没有视线死角，方便顾客浏览整个卖场，并且要便于疏散顾客，保证安全。

4. 橱窗

橱窗对卖场室外形象的塑造极为重要。大约 65% 的顾客认为，吸引他们进店的最主要几种因素依次为：品牌、橱窗、促销信息、导购员的介绍、朋友推荐等。

5. 外部照明

外部照明主要的目的是照亮卖场正面与周围环境，并能够渲染卖场气氛、烘托氛围，增加卖场的外观美感。外部照明包括招牌照明、橱窗照明、外部装饰照明等。

（1）招牌照明：招牌要求明亮醒目，一般习惯采用霓虹灯。霓虹灯光的闪烁效果可产生动态的感觉，这种照明方式活跃气氛、富有吸引力，可收到较好的美化效果。

（2）橱窗照明：在橱窗照明设计中，光和色是密不可分的因素。一般可以按照舞台灯光的设计方法，为橱窗配上适当的顶灯和角灯，既满足了照明要求，而且还能使橱窗原有的色彩产生戏剧性的变化，给人以新鲜感，引起顾客的兴趣。灯光要求色彩柔和、富有情调，以亮度达到卖场的2 ~ 4倍为宜。但除了特殊需要，不应使用太强的光线，颜色的对比度也不宜过大，要避免强刺激使人产生不舒适的感觉。此外，可以采用各种装饰性照明。

（3）外部装饰照明：一般是指装饰在卖场前的街道或周围的照明方式，主要起渲染、烘托气氛的作用。如在门前拉起的灯网或把卖场前的树用灯饰加以点缀。恰当的外部装饰照明可以创造良好的消费环境和气氛。

二、店内设施

服装店内部设施往往体现着商店的理念，也可给消费者认识商品提供便利。

1. 试衣间的设计

它可以使消费者充分、真实地看到实际的着装效果，增加购物信心和减少风险。因为毫无遮掩的试衣对有些服装是不可容忍的，比如：内衣等。有些试衣间过于简陋或没有试衣间，虽不至于会“走光”，但是许多消费者不能忍受，旁观者也会感觉窘迫或不快，减少成交率，也降低了商店的品位。

2. 试衣镜

零售店中试衣镜的使用是必不可少的，不仅仅可以作穿衣照镜的使用，恰当的运用可增加视觉的空间，使商店徒增一点宽阔的气氛。

3. 装饰材料

重视装潢材料的选择，体现了经营者的艺术修养和匠心，比如：光洁深沉的金属物件配以抽象的设计代表着现代；磨光的大理石与花岗岩体现出凝重豪华；本色的天然纹理则给人以朴实无华的感觉；塑料贴面加以闪亮的饰片，使人想起跳迪斯科的表演服等。

4. 装饰的颜色

商店颜色运用不仅体现商店的气质和神韵，服装的流行色可以通过装饰的衬托而表达出来，比如：暖色调散发出温柔的气息，适用于女式套装及男式正规套装；强烈的色彩或色调对比，可渲染出热烈活泼和跳动感，可以同运动装、青少年休闲服装相称；而模拟自然环境被用于突出服装的季节性，如冰天雪地中的羽绒服，蔚蓝色或沙滩色衬托下的泳衣或夏装。

三、配套设施的选择

（一）常用器材

现在的服装展示设计中很重要的手段之一是利用视频演示企业简介和进行品牌推广，以提升企业形象。运用多媒体技术来辅助服装展示，可以帮助企业、展示者进行多元和互动的人性化宣传推广。

1. 视频器材

常用的视频器材有电视机、多个电视机组成的电视墙、液晶电视显示屏、等离子显示屏，还有球幕影视等。常用的尺寸有：一般电视机或等离子电视机 25 英寸、29 英寸、34 英寸，电视墙 2m × 2m、3m × 3m、4m × 4m，LED 大屏幕多模块组合。投影仪规格通常有 1700、2500、3600、5000、8000、12000 流明，液晶电视 LG—投影屏幕 70 英寸、100 英寸、120 英寸、150 英寸、200 英寸、300 英寸等。除非经常设展示，一般这些器材可找专业公司租用，而不必一一购置。

2. 音频器材

音频器材主要是指专业音箱和调音台（有 8 ~ 16 路）、效果器、均衡器、CD 机、MD 机、LDNCD 机、无线麦克、专业有线麦克。这些主要用于播放背景音乐或渲染促销演示活动中的气氛。音频器材同样可以寻找专业公司租用，包括临场操作。

（二）特殊器材

在展中有会、会中有展的情况下，或者在展示中必须设置有说明活动、技术演示、促销表演的场合，还要配备特殊的灯光、摄像及演示装置。

1. 摄像设备

摄像设备主要用于会展开幕式或特殊记录需求时，一般的摄像机有 M3500、M9500 型号，有专业功放、主机发射系统、翻译器、耳机、即席发言主机、即席发言话筒等。

2. 灯光设备

主要指演艺灯光照明器材，通常有面光灯、聚光灯、天幕灯、成像灯、电脑灯、电脑灯控制台、摇头灯、追光灯。其他辅助器材有硅箱、换色器、调光台、流动三角灯架、色纸、彩弹炮、烟雾机、大型 TRUSS 架、电源控制箱、线材及电缆。主要运用在服装新闻发布会、服装展示会、大型服装表演等场合。

第四节　服装陈列设施

展示道具是展示陈列的基本设施，没有合适的道具或不能进行恰当的组合运用，就无法实现所期望的展示效果。服装店面道具的设计和选用因品牌定位不同而有所区别，道具的造型、材质、色彩格调要符合品牌的服装风格和商品的特性。在现代服装零售业模式下，品牌为了追求利润更大化，多采取逐步扩大营销区域，开设更多的直营店或采用特许加盟的经营方式，因此，品牌的终端销售形象要统一，往往会采用统一的展示道具。此外，服装道具的设计和选用还要受销售方式、商品特征及陈列方式三者的限定。即服装道具的运用要体现人性化，应考虑其对于商品陈列的适用性、对环境的协调性、相互之间的关联性（特别是与顾客的交流性）等方面。

服装店面陈列道具的功能有两种：一是展示服装；二是作为品牌的形象要素之一，在很大程度上决定了卖场的氛围。陈列道具一般包括陈列架、陈列柜、陈列板、陈列台、模台及橱窗所需的辅助道具，道具所采用的色彩、形态及材质必须在品牌风格的前提下展开，并要考虑到商品结构及商品陈列模式，将道具的形式美和商品陈列模式所需的功能性结合是陈列道具开发所追求的完美状态。因此在道具投放到卖场之前，必须十分严谨的考虑其美观性、实用性及与品牌风格的适应性，并根据品牌自身产品结构从道具尺寸、局部光源安装的方便性、可拆卸重组性来推敲其在卖场的实际可操作程度。

一、店内展示道具的设计与选用

按照形式的不同，常用的服装店面展示道具有以下几类：

（一）衣架

衣架是服装展示中应用最广泛的基本道具，不同种类的服装都有相应功能的展示衣架。衣架有许多不同类型，主要用于服装的吊挂式展示与陈列。运用衣架时主要考虑形式、容量、安置方式、方便性、组合适用性等。

（二）模特

模特有仿真、抽象等不同形式，主要用于对服装款式、搭配效果、着装形象的展示。模特的合理运用，可以营造生活场景、传达品牌理念、拉近与顾客的距离（图 85）。

对模特的运用主要考虑仿真性、艺术韵味、抽象特点、组合的适应性等。如仿真模特形象酷似真人，有青春活泼、时尚俏丽、成熟稳重等多种风格可以选择；抽象模特形象较抽象，具有雕塑感，有黑色、灰色等多种颜色可以选择。

（三）衣柜

衣柜通常由木质或金属等不同材料制成，根据高度的不同，一般为 3 段式和多段式。陈列方式多为敞开式，既可以吊挂、放置服装，也可以放置服装配件来营造卖场气氛。对衣柜的运用主要考虑类型、结构特点、造型、颜色、方便性等（图 86）。

（四）墙柜

墙柜是充分利用墙面，依墙放置或嵌入墙体的立体陈列柜，一般多采用固定式。可根据需要和现场情况自行设计，

图 85　模特的不同形式

图 86 衣柜示例

形式不拘一格，但墙柜的体量较大，应考虑与其他展示道具的协调统一。

（五）展台

展台也称作流水台，主要有台几（桌）式和低柜式两种类型。它的形态有很多种，比较常见的有长方形、方形、圆形等，也有异形的形态，其材料也根据品牌风格的不同而定。展台常用于平面展示服装或服饰整体搭配的效果，也可用来陈列模特，展示服装单品。展台设计原则是形态方面要符合展示与陈列需要，高度方面要方便顾客拿取，比例方面应符合视觉审美（图 87）。

（六）中岛

中岛是摆放在服装店中间的重要展示道具，形态多种多样，一般由可调节部件组合而成。还有将中岛与展台、展柜等进行组合的设计。

（七）辅助道具

服装卖场的格调和品位往往还要借助于辅助道具来烘托，以装饰和点缀展示空间，丰富、渲染气氛。辅助道具有平面和立体两种形式：平面的形式包括照片、装饰画、广告等视觉传达符号；立体的形式包括绿色植物、花饰、雕塑、陶艺等（图 88）。

二、依据品牌风格和产品结构设计陈列系统

（一）陈列方式及商品配置

每个品牌必须依据自身的品牌风格和产品特点设计陈列系统。以男士正装和休闲装为例，这两类品牌在产品结构上存在一定的差异，因此所采用的陈列方式也不同，正装要求传达庄重、沉稳的氛围，且以西装、西裤、衬衫、毛衫类产品居多，配饰类则涉及到领带、皮带、鞋和包类，因此在陈列设计上，西装、西裤多以侧挂、正挂为主，而避免用叠装出样；衬衫和毛衫以叠放为主；领带、皮带则以卷放和悬挂为主。将各类不同的产品进行组合配置，以可搭配原则和连带销售原则设计陈列系统，构成属于正装的陈列模式。休闲装产品结构中的休闲西装、

图 87 展台设计示例

图 88 辅助道具示例

外套、裤装、衬衫既可以以叠放的方式展示，也可以以挂装形式展示，同时配饰类也不存在领带等类别，因此最终的陈列模式会与正装迥异。

（二）铺货量及存货量

品牌自身定位在卖场铺货量上会得到充分体现，高档位品牌卖场铺货密度小，主要以高额单价拉动销售；而中档或低端品牌需要高密度的铺货量，以走量的方式带动销售。另外，高端品牌在商场通常有较好的条件，包括卖场位置、面积及储藏仓库，这些条件为高档位品牌保持卖场良好形象和购物氛围奠定了基础，而中低端品牌在商场中的位置有限，有的甚至只有 $20m^2$ 左右的小空间，另外也缺少足够的储货间，因此商品只能尽量集中于卖场，卖场商品密度越大，给品牌形象维护及商品的展示和陈列带来的压力更大。

尽管品牌需要根据自身特点和产品结构设计出完整的陈列模式，并要考虑到此模式在不同面积及形态卖场的实用性，但从消费者浏览商品的习惯和购物角度而言，每个展示及陈列面都应该有陈列焦点，这样才能有效地吸引购物者的目光，并有兴趣按照设定的浏览路线深入到店面各个展示空间，而不是进入店面后觉得眼花缭乱或者索然无味，导致中途退出。陈列焦点的设计可以通过陈列技巧来实现，如局部的照明引导、陈列方式的变化、商品组合的趣味性、醒目的陈列色彩设计或配饰的巧妙运用，都可以成为视觉焦点的实现手法。

三、服装展示道具的设计要点

（1）展示物的物理性、化学性特点及其形态特点、色彩特点、距离特点和陈列方式。

（2）目标顾客的类别、年龄、层次及其生理特点和心理特点。

（3）销售的总体计划、方案。

（4）CIS 概念。要求收集大量的展品信息、场地信息、销售信息，并对这些信息进行分析、筛选，找出有用的、合适的，以确定展示应达到的最终效果，并了解需要怎样的道具，从而确定道具的基本风格、元素等。

四、服装展示道具设计的原则

（1）应符合人体工程学的要求，并在造型、色彩、装饰和肌理方面符合视觉传达规律。

（2）功能性原则：能构成具体的展示空间，能陈列、保护展品、渲染气氛等，不能有安全隐患。

（3）标准化设计：除一些特殊的展具外，一般应做到可任意组合变化、易运输、不污染产品、不对人造成伤害。

（4）美学原则：注意造型的简洁，造型和组合形式要能突出展品的特性。展品才是主题，切勿本末倒置。表面处理整体上应给人舒适感，同时为加强总体印象，道具的设计要与展区融为一体。

（5）经济性原则：应增加展具的使用率，突出坚固、耐用、一物多用等特点。材料选择结构简单，加工方便。这经常与造型美产生冲突，设计师就是追求经济与美之间的一种平衡。

（6）要注意广告宣传的力度和形象的树立，将 LoGo 放在最显眼的地方。形象要统一，同一种产品无论在何处，其展示的形式大同小异，保持一种风格在一定时期内不变。

第五节　服装陈列

服装陈列与之前所讲的橱窗设计一起构成了服装展示设计的主要内容。服装展示设计是一门综合性的学科，是通过对产品、橱窗、货架、通道、模特、灯光、色彩、音乐、POP 海报等一系列服装展示设计元素进行有目的、有组织的科学规划，把商品和品牌的物质与精神传达给受众的创造性意识活动，从而达到促进产品销售、提升品牌形象的一种视觉传达艺术。在这一过程中，服装陈列包含了对服装产品、货架、模特、色彩、POP海报等元素的科学规划。

一、服装陈列的基础知识

商品陈列就是把商品按设定的排列方式，摆放在特定的地点，展现在顾客面前。陈列的目的就是让顾客满意地买到想要的商品。服装陈列的分类：

服装在商业空间即服装零售店的陈列形式主要有：挂装陈列、叠装陈列、人模陈列、平面展示陈列等。各种陈列形式各有优缺点，在服装商业展示空间中往往综合使用，以取长补短。

1. 挂装陈列

挂装陈列有正挂和侧挂两种形式。挂装陈列服装是用衣架挂放的，服装的"保形性"较好，这种陈列方式非常适合对服装平整性要求较高的高档服装，如男西装、女套装、礼服等。挂装陈列展示效果好，但空间利用率比较低，要占用较多空间。一般来说越是高档的服装越多采用挂装展示方式（图89、图90）。

（1）正挂陈列

正挂陈列就是将服装以正面展示的一种陈列形式。这样的陈列方式展示效果好，服装正面的设计细节清晰。市场定位不同的品牌正挂陈列时，有的只陈列单品，有的会将服装内外、上下搭配好陈列。正挂陈列方便取放，方便顾客拿取试穿。有些正挂的挂钩上可同时挂上几件服装，既有展示作用，也有储货作用。正挂陈列兼顾人模陈列和侧挂陈列的优点，又弥补侧挂陈列不能充分展示服装细节、人模陈列占用空间较多，易受场地条件限制的缺点，是目前服装店铺重要的陈列方式（图91、图92）。

正挂陈列的规范：

① 衣架款式应统一，挂钩朝向同一个方向（一般应朝外），整齐统一，方便顾客取放。

图89 挂装陈列形式

图90 挂装陈列形式

图 91　正挂陈列形式

图 92　正挂陈列形式

② 可以进行单件的服装陈列，也可以进行上下装的搭配。上下装组合搭配陈列时上下装套接的位置一定要到位。上装在下装外或放进下装中都要设计好。一般情况下吊牌应不外露。

③ 如有上下平行的两排正挂，通常将上装挂上排、下装挂下排。

④ 可多件正挂的挂装，要考虑相邻服装色彩、长短的协调性。同款同色尺码按由外至内、从大到小排列。

（2）侧挂陈列

侧挂陈列是将服装侧向挂在货架上的一种陈列形式。侧挂陈列的缺点是不能直接展示服装的细节。因为在一般情况下，顾客只能看到服装的侧面，只有当顾客从货架中取出衣服后，才能看清服装的整个面貌。侧挂的展示效果比正挂要差些，但优于叠装陈列，但侧挂陈列比正挂陈列更节省空间，所以商业展示中通常采用侧挂与正挂相结合的展示形式（图 93、图 94、图 95）。

图 93　侧挂陈列形式

侧挂陈列的规范：

① 同类、同系列货品挂列在同一展示区域内，男女装应明确界定，分列展示。

② 同款服装应同时连续相邻挂列 3 ~ 5 件，尺码要全。

③ 衣架、裤架款式应统一，挂钩方向统

图 94　侧挂陈列形式

图 95　侧挂陈列应考虑服装的色彩与长短的协调性

一(一般应朝里),以保持整齐,方便顾客取放。

④ 衣服要熨烫平整,根据服装款式需要系好钮扣、拉上拉链或系上腰带以及保持服装整齐。一般情况下吊牌不外露。

⑤ 挂件应保持整洁,无折痕(必要时需整烫),并清除所有别针。钮扣、拉链、腰带等应全部就位。

⑥ 服装的正面一般朝向左方,因为大多数顾客习惯用右手拿取商品。由左至右按照从小码到大码的顺序陈列。

⑦ 侧挂陈列服装的数量既要避免太空也要避免太紧,侧列挂装货品的间距应在 6 ~ 8cm,一般越是高档的服装陈列间距越大。

2. 叠装陈列

叠装陈列是将服装用折叠方式进行展示的一种形式。叠装的空间利用率很高(比正挂和侧挂都更节省空间),可以储存一定货品,但只能展示服装部分细节,服装的展示效果差。大面积的叠装组合可以形成一定的视觉冲击力,和其他陈列方式相配合,增加服装展示空间视觉的变化。

叠装陈列在休闲类服装零售店中使用较多,一方面由于休闲装的款式和面料比较适合采用叠装形式;另一方面,价位较低的大众化的休闲品牌,日销售量较大,店铺中需要有一定数量的货品储备,通常会大量采用叠装的陈列形式以充分利用销售空间。一些高档男装或女装品牌采用叠装陈列主要是为了丰富销售场所中的陈列形式(图 96、图 97)。

叠装陈列的规范:

① 同季、同类、同系列产品陈列在同一区域内,在零售店中通常应在叠装陈列附近同时陈列同款的挂装,方便顾客更好地了解服装的整体外观效果。

② 夏季薄面料产品每叠 4 ~ 6 件;冬季厚面料产品每叠 3 ~ 4 件;中高档品牌通常每叠服装陈列 2 件或 3 件;低档休闲品牌每叠可能会陈列更多服装。

图 96　叠装陈列形式

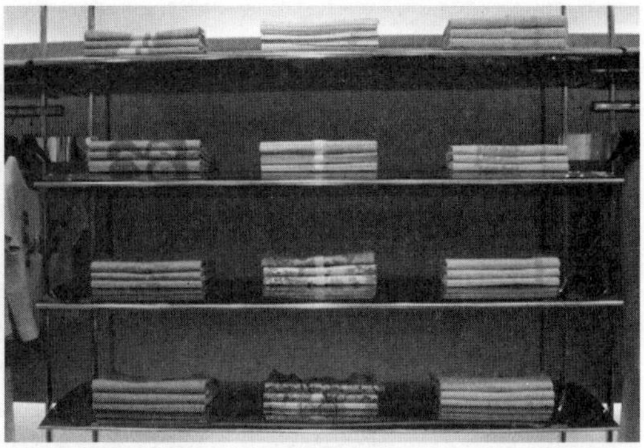

图 97　叠装陈列要考虑整体的色彩间隔效果

③ 叠装货品每叠所占位置原则上不超 32cm×36cm。

④ 每叠货品的间距应保持在 10 ~ 15cm 左右。

⑤ 每叠服装的货品尺码序列应从上到下,由小到大。

⑥ 每叠服装应保持肩位、襟位、褶位整齐、平直。

⑦ 色调的排布自上而下应由冷渐暖,色块由大渐小。

3. 人模陈列

把服装穿着在仿真模特上的展示形式简称为人模陈列。仿真模特的造型风格多样,有的生动写实有的冷静抽象,不同风格的服装品牌可以有不同的选择。从形态上分有全身人模、半身人模以及用于展示帽子、手套、袜子等服饰品的头、手、腿、脚的局部人模。

图 98　人模陈列形式

人模陈列的优点是将服装用最接近人体穿着时的状态进行展示,可以使服装的款式风格、设计细节充分地展示出来。人模陈列通常用于橱窗展示中或店堂内显著的位置上。用人模展示的服装,其单款的销售额往往比其他形式出样的服装销售额高。因此,服装零售店里用人模展示的服装,通常是当季重点推荐产品或最能体现品牌风格的服装(图 98、图 99、图 100)。

图 99　人模陈列形式

人模陈列的规范:

① 同一品牌的商业空间(零售店、连锁店、展览会等)中的展示模特风格应统一。

② 同一展示空间中通常由两个以上的人模组合展示,同组人模的着装风格、色彩应采用相同系列。

③ 除特殊设计外,人模的上、下身均不能裸露。

④ 配有四肢的人模,展示时应安装四肢。

⑤ 不要在人模上张贴非装饰性的价格牌等物品。

4. 平面展示陈列

平面展示的服装通常为搭配好的成套服装和装饰品，组合陈列在流水台或流水桌上，平面展示的效果好但空间占用比较大，主要是为了丰富商品组合形式，活跃展示空间而采取的一种展示形式（图 101、图 102）。

5. 其他陈列形式

现代展示陈列手法不断丰富，设计师的创意也不断推陈出新。我们可以在现代化的服装商业销售终端看到越来越多的充满创意的服装展示形式，甚至很难将它们归类，而且随着市场竞争的加剧，这种展示创意不断创新的趋势还会继续下去（图 103）。

以上几种不同的陈列方式各有利弊，人模陈列的展示效果最好，但缺点是占用的面积较大；挂装保形性好，展示效果也不错；叠装最节约空间，但展示效果最差。所以在服装零售店中通常是将挂装、叠装、人模陈列与平面陈列组合应用，一方面可以取长补短，另一方面，也可以丰富店内空间的展示形式。

图 100　平面展示陈列形式

图 101　童装人模陈列

图 103　其他陈列形式

图 102　平面展示陈列形式

二、商品展示陈列配色计划

（一）类似色彩陈列设计

类似色彩是选择色相环中临近的色彩，由于彼此含有共同色素，易于形成统一感。在卖场中将含有共同色素的、不同款式的服装排列为一组色彩，形成色彩区域，可以增强卖场的色彩秩序感。通常情况下，女装品牌服装商品色彩的陈列多采用此类设计形式，尤其是少女装品牌。例如，现在女装在开发产品时，一开始可能开发上百个款式，在不断地打样、试样、定货过程中，淘汰一些款式，而真正投放到市场的品种可能只会有三十几个，但为了保持产品的丰满度，会同时多开发几个色彩，如果产品开发四个色彩时，在卖场内会有四个色彩区域。一般来讲，少女装品牌色彩区域较多，相反淑女装、正装色彩区域较少，但一般都在三个色彩区域以上。

（二）对比色彩陈列设计

对比色彩陈列设计选用色相环中直径180度的色彩或偏左偏右的色彩进行组合设计。此类商品陈列色彩形式一方面可强调服装卖场秩序性，另一方面在秩序性的基础上，可以突出色彩的跳跃感，增强服装商品色彩的视觉冲击力。例如，选择咖啡、米黄色对比色陈列设计，在实际现场操作时，此类色彩陈列设计形式可以灵活一些，可以把本来属于一个色彩区域的咖啡色分成两个色彩区域，中间穿插米色区域，强调色彩对比效果，增强产品的视觉冲击力。

（三）色彩的明度高低陈列设计

明度是色彩的三大属性之一，表示色彩的明暗程度。利用色彩的明度高低是服装商品色彩陈列惯用的形式，进行色彩设计时须参照消费者的视线，一般由浅至深、由深至浅进行排列设计，其中几个区域又组成大的色彩区域，目的是增加消费者与顾客接触的机会。利用明度高低来进行设计的形式主要有以下几类：

1. 色彩明度高—明度低设计

利用色彩明度高低进行陈列色彩设计可强调秩序性，增强色彩的律动感，突显服装卖场的空间感，此类色彩设计形式适宜陈列空间大，服装陈列少而精的卖场。例如商务休闲男装的服装卖场，卖场中外套陈列区色彩按照明度高至明度低进行设计，此类陈列设计使消费者在这组服装的视觉上停顿几次。

2. 色彩明度低—明度高—明度低设计

一般来讲，男装休闲品牌中部分产品多采用此类色彩陈列设计，尤其是适宜毛衫、衬衫等单品，以及围巾、袜子、手套等服饰配件，此种色彩陈列形式在实际设计过程中可以选择单一款、同一色彩、不同尺码的几件服装采用折叠的手法，摆放在展柜里，可以使单一的商品显得丰满度高，色彩秩序性强，有一种律动感。例如男装品牌中服饰配件围巾，按照色彩明度低—明度高—明度低色彩设计，色彩秩序性强，有一种律动感。

（四）高纯度与低纯度的对比色彩陈列设计

采用高纯度与低纯度的对比色彩陈列设计，可以选用同一款式、同一色彩、不同尺码的服装重复陈列，形成横向色块，同时在高纯度色彩区域中间穿插低纯度色彩，增强色彩秩序性，强调服装产品的视觉冲击力。

（五）服装商品陈列色彩设计的调整

1. 换季或因不同陈列主题调整商品陈列色彩设计

服装是一个色彩季节性很强的商品，由于商品季节变化色彩特征不同，如商品的换季需要调整商品展示时，商品陈列色彩设计应根据特定季节要求，参照目标季商品的色彩特征，快速调整商品以突出当季商品，或根据特定的销售主题，如春节、情人节、圣诞节、父亲节、母亲节等不同主题，服装商品陈列色彩设计也要进行快速调整，配合以此为主题的促销活动。例如，春节是我国最热闹的传统节日，是人们辞旧迎新、举国欢庆的日子，服装商品色彩突出红色主题，营造丰年、祥和、团圆、喜庆、欢乐的气氛，形式上突出传统和民族特色。例如，服装品牌推出春夏新品，服装陈列色彩以粉色为主，强化春夏商品的特征，同时环境的色彩也做出相应的调整，搭配温馨的粉色调，卖场整体环境协调、温馨。

2. 周期性的商品陈列色彩设计调整

在遵循品牌风格的前提下，运用色彩配置的差异性和灵活性，局部调整商品陈列色彩的组合方式，使卖场产生新鲜的陈列色彩印象，是吸引新顾客留住老顾客的主要方法。

通过对卖场服装商品销售资讯的仔细分析，企业会发现特定时期内有几种商品特别畅销，而有些则成为滞销商品，这是销售中最普遍的现象。在这种情况下，将畅销商品和滞销商品根据其色彩间的特征进行组合，产生新的商品陈列色彩设计形象，以畅销商品带动滞销商品的销售，减少库存，加快企业资金流动。

3. 新到商品陈列色彩设计的调整

在销售过程中，商品出店进店会破坏商品陈列色彩设计的完整性，因此必须根据不同情况及时调整。几乎所有的品牌都希望新商品成为畅销商品，因此新商品应该陈列在最吸引消费者视线的位置，新商品陈列的黄金陈列范围：一般从地面开始 80cm 到 120cm 之间范围被称为黄金陈列区，在这个范围内对商品陈列密度和色彩进行调整，强化新商品的特点和色彩印象，或把新到服装商品进行色彩搭配，摆放在靠近橱窗的位置，吸引消费者进入卖场。

4. 商品空缺或断色时陈列色彩设计调整

在现场销售过程中，某一种色彩的服装商品销售出现断码是经常发生的情况，应尽量以与原商品色彩相近的商品进行补充，增加色彩的丰满度，保持整体商品陈列色彩的秩序。例如少女装品牌的卖场，经过一段时期的销售，出现断色断码现象，蓝色区域比较单薄，需要导购及时补充货品，或者是选择类似色彩填充这块色彩，保持卖场色彩的秩序性。

服装商品陈列色彩设计是服装色彩在卖场环境下的二次设计，较之服装的款式、造型，服装商品色彩更容易成为顾客的关注中心，每一季的产品都有不同的色彩方案，不同的色彩组合配置可以产生不同的色彩印象。将商品在卖场中进行色彩的再次设计是服装展示的重要的程序，需要不断地探索、研究。

三、服装陈列设计的注意事项

1. 陈列范围

（1）黄金带（高 80 ~ 120cm）是最容易看见的空间，陈列主力商品、重点商品、季节商品。

(2)黄金带以上(120 ~ 180cm)及黄金带以下(60 ~ 80cm)陈列准主力商品及一般商品。

(3)库存空间(0 ~ 60cm)陈列低频度商品,陈列补充库存品。

(4)准库存空间(180 ~ 210cm)陈列补充数量感的库存品。所谓数量感,是指陈列的商品数量要充足,给消费者以丰满、丰富的印象。数量感可以使消费者产生有充分挑选余地的心理感受,进而激发购买欲望。这样就要求合理确定库存、架存的关系,并及时补充架存商品。

(5)气氛空间(210cm 以上)陈列样品或色彩利用。

2. 服装陈列展示的技巧

(1)主题陈列

给服饰陈列设置一个主题的陈列方法。是结合某一特定事件、时期或节日,集中陈列展示应时适销的连带性商品,或根据商品的用途在特定环境时期陈列。主题应经常变换,以适应季节或特殊事件的需要。例如,可以以春节或圣诞节为主题进行服装陈列。

(2)整齐陈列

按货架的尺寸,确定服装商品长、宽、高的数值,将商品整齐地排列,突出商品的量感,从而给顾客一种刺激,整齐陈列的商品通常是店铺想大量推销给顾客的商品,或因季节性因素顾客购买量大、购买频率高的商品等。

(3)分类陈列

是根据服装的款式、性能、色彩和使用对象等标准进行分类,向顾客展示的陈列方法。它可以方便顾客在不同的花色、质量、价格之间挑选比较,在视觉上给消费者以明确、简洁、一目了然的感受。

(4)关联陈列

指将不同种类但相互补充的服饰陈列在一起。运用商品之间的互补性,可以使顾客在购买某商品后,也顺便购买旁边的商品。它可以使得专卖店的整体陈列多样化,也增加了顾客购买商品的概率。它的运用原则是商品必须互补,要打破商品种类间的区别,表现消费者生活的实际需求。例如,在女装货架的旁边可以陈列一些女士丝巾、女包、帽子等服饰配件,在男装货架旁边可以陈列一些领带、皮带、钱包等小配件,这样不仅可以丰富陈列效果,而且可以使消费者在购买服装的同时产生连带购买效应,提高服装店的销售业绩。

(5)岛式陈列

在店铺入口处、中部或者底部不设置中央陈列架,而配置特殊陈列用的圆形或方形展台。它可以使顾客从四个方向观看到陈列的服装。岛式陈列的用具较多,常用的有平台或大型的网状货筐,岛式陈列的用具不能过高,太高的话,会影响整个店铺的空间视野,也会影响顾客从四个方向对岛式陈列的商品的透视度。

3. 服装陈列展示应考虑的问题

(1)根据所销售服装的风格来进行陈列设计

要清楚你做的品牌是休闲还是正装,是男装还是女装。休闲服装的卖场应该给人以随意、轻松的感觉,可以给出节奏感强的背景音乐,拥有对比强烈的色彩和绚烂的灯光,折放、正面展示、侧面展示要互相穿插，货架的摆放要在随意中又有整体的感觉；正装则反之。

女装卖场的色彩要有女人味，淡蓝+白、红+白、紫红+白、驼色+白、黑+白等都是不错的选择，卖场的线条要流线、纤细，灯光柔和，多点镜子；而男装则以粗犷的线条、深沉的色彩为主，服装陈列首先应强调明暗的颜色差异，其次才是色调的视觉感受，装饰材料多用胡桃木等制作。

（2）考虑商品类型的大小变化

同类服装的大小变化幅度有大有小，比如女装店既有体积较大的风衣又有小巧的短裙，而西装店的商品则规格基本相同。这种不同的变化幅度造成不同的空间感，变化幅度大的商品，陈列起来造型丰富，但也易造成零乱，设计时应强调秩序，减少人为的装修元素。变化幅度小的商品排列起来整齐，但易陷于单调，设计时应注重变化，增加装饰元素。

（3）考虑商品与周围环境的色彩关系

不同类型的服装在色彩上千差万别，例如以黑、白、灰这些无彩色为主色调的服装店和以高明度、高纯度的有彩色为主色调的服装店在陈列时就有色彩上的明显区别，应该注意服装和周围环境的色彩关系。既可以营造出像淑女屋、阿依莲等品牌追求的统一和谐的色彩感觉，让天花板、墙面和所陈列的服装都以粉色或乳白色为主；也可以营造出色彩上的强对比关系，以突出服装，如果所陈列服装以黑、白、灰为主，则墙面和天花板可以使用较鲜艳的色彩以突出服装，如果服装色彩较为鲜艳，则墙面和天花板的色彩可以处理得暗淡一些。

（4）商品的群体陈列与个体陈列

商品是以群体出现还是以个体出现对顾客的购买心里有很大影响，对于需要特别突出的贵重商品，通常采用个体陈列的方式以突出其珍贵性；对于大量的小件商品则可以采用群体陈列的手法创造“规模效应”。小件商品的群体陈列可以起到引人注意的作用，但过多的聚集也会带来“滞销”的猜测。不对称的群体陈列会给人以“抢手”的印象，至于贵重的商品，只有严格限制陈列数量才能充分显示其价值。对以群体出现的商品，室内设计应配以活泼兴旺的气氛；对以个体出现的商品，设计上应追求高雅舒展的格调。

（5）品牌的形象和感观

商品陈列不能一概而论，要符合品牌的形象和感观，即便一根小小的领带，怎么摆放，也有一定规矩。如GH的领带是卷成圈摆放在一个个小方格内，BOSS的领带是挂在架子上卖的，JOOP的领带却是随意地铺在工作台上，原因是它们必须符合品牌的经营风格：GH以正装为主，领带中规中矩地摆放，传递的是正装的一丝不苟；BOSS、JOOP是休闲类品牌，领带挂着卖、铺着卖，体现品牌的闲适感。

4．服装陈列展示的禁忌

（1）产品无系列的配衬，单款零散陈列。

（2）连续大范围、大面积单一陈列展示，缺乏突出重点和变化，导致视觉单调、疲惫。

（3）促销活动未配置相关标识，有关活动信息仅靠导购人员口头向顾客传递。

（4）将货品与无关联的道具和POP组合配置，主题不明确。

（5）POP残损，过季仍未替换。

5. 服装陈列展示的更新

(1)每 1 ~ 2 周重新规划卖场的货品陈列格局及模特展示。

(2)有促销活动时,重新重点布置货区,并挂放专用标识或 POP,营造突出的气氛。

(3)各展示区定期设立新焦点,同时使用新款 POP。

(4)缺货时尽可能将适合挂装的产品展开挂列,并多元化组合配衬,减少货区空当。

课后思考题

1. 名词解释“VMD”。
2. 视觉营销的构成要素是什么?及其内容是什么?
3. 视觉营销应遵循的原则有哪些?结合实例经行分析。
4. 服装陈列应遵循的原则是什么?
5. 服装陈列的构成形态有哪些?
6. 陈列风格可以分为哪几种形式?并对每一种形式进行分析。
7. 陈列女装时应注意的事项?
8. 店内及店外的基础设施有哪些?
9. 外部照明主要的目的是什么?
10. 配套设施中常用器材有哪些?
11. 何种情况下应运用什么样的配套设施?
12. 服装展示道具的设计要点有哪些?
13. 服装展示道具设计的原则是什么?试举例说明其合理性
14. 常用的店内展示道具有哪些,并说一说他们的特点。
15. 为什么要依据品牌的风格和产品结构设计陈列系统?这样做的优势是什么?

第七章

服装店橱窗展示

第一节　橱窗展示概述

一、橱窗展示的概念

橱窗不仅是店面总体装饰的组成部分，而且是店面的第一展厅，它以本店经营商品为主，利用布景、道具、灯光、色彩和文字说明等设计要素来进行设计，是进行商品介绍和宣传的综合性广告艺术形式。

橱窗展示的设计者通过空间设计、灯光控制、平面配置、色彩、道具等元素的综合调控，创造独特的视觉效果，赋予商品鲜活的生命力，使具有潜在购买力的消费者产生对商品的兴趣，萌发购买欲望，从而达到销售商品的目的。

二、橱窗的分类

1. 从橱窗所处的位置分布划分

可以把目前市场上常见的橱窗分为店头橱窗和店内橱窗（图 104、图 105）。

（1）店头橱窗：指的是在服装专卖店那样的独立服装店外部临街的位置设置的独立橱窗，由于它所处的位置和店内的销售空间之间有明显的区隔，因此被称为店头橱窗。

图 104　店头橱窗

图 105　店内橱窗

（2）店内橱窗：主要针对大型百货商场和综合性购物中心内部的服装店而言，这样的服装店通常被称为“店中店”，经营者经常把自己店内毗邻百货商场过道的位置开辟为橱窗空间，当顾客在过道行走的时候，能很轻易地看到橱窗里陈列的服装。因此，这样的橱窗被称为店内橱窗。

2. 以橱窗的建筑装修形式分

可以把目前市场上常见的橱窗分为封闭式、敞开式和半敞开式（图 106、图 107、图 108）。

图 106　封闭式橱窗

图 107　敞开式橱窗

图 108　半敞开式橱窗

（1）封闭式橱窗：封闭式橱窗后背有隔板将橱窗空间与服装店内空间相隔离。这类橱窗空间独立，具有较强的视觉效果，适宜营造各种不同的场景气氛。

（2）敞开式橱窗：敞开式橱窗空间与店内空间相连，在橱窗外部可以直接看到店内空间，这类橱窗有一定的空间纵深。

（3）半敞开式橱窗：半敞开式橱窗没有完整的隔离橱窗与店内空间的隔板，但有展示道具（薄纱或 POP 海报等）将橱窗与店内空间分隔。这类橱窗集合前两种橱窗特点，目前在市场上应用较多。

3. 以橱窗中的构成元素划分

每个橱窗根据设计需要的不同，通常会采用不同的构成元素，最常见的有人模、服装、道具、背景、灯光、色彩、文字说明等元素。

三、橱窗展示的功能

橱窗展示是现代服装展示的重要组成部分，是商业零售业普遍采用的一种立体广告形式，处在品牌视觉营销的最前沿。橱窗展示的首要目的是把品牌及商品的物质和精神属性，运用艺术手法和技术手段呈现给受众。橱窗设计的水平直接体现品牌的品位和内涵，而且是诱发消费者进店产生购买欲望的关键。橱窗的设计首先要符合品牌文化内涵，传达商业信息，突出产品特性，还要调动消费者情绪，诱发心理共鸣，从而达到引导消费，促进销售的作用。

橱窗展示的功能主要体现在以下几个方面：

1. 展示企业文化及品牌形象

橱窗展示是提升品牌价值的途径之一，是沟通品牌与消费者之间的一座桥梁。好的橱窗设计，可以使企业的文化和品牌形象得到充分展示，达到高效的信息传递和信息接受，实现品牌与消费者之间的交流，是消费者认知、认可、认同品牌的重要途径。

2. 展示商品信息

橱窗展示是传达商品信息的重要手段。设计者通过陈列设计把商品的性能、特点等信息完整、准确地展示给受众。通过空间设计、灯光控制、平面配置、色彩、道具等元素的综合调控，创造独特的视觉效果，赋予商品鲜活的生命力。使具有潜在购买力的消费者产生对该品牌商品的兴趣，萌发购买欲望，从而达到销售商品的目的。

3. 促进贸易、引导消费

在商业市场营销中，顾客的进店率是衡量展示设计优劣的一项重要标准。调查显示，有65% 的顾客认为吸引他们进店的因素依次为品牌、橱窗、促销信息、导购介绍、朋友推荐。可见橱窗展示在企业文化传播和品牌销售中的重要性。顾客是否有兴趣进入服装店，往往是在看到橱窗展示信息后几秒钟内作出决定的。

4. 美化环境

橱窗展示以最直观的方式传递时尚信息，以艺术化的手法带给人们美的享受。可以说橱窗展示是时代的镜子，通过橱窗展示传递的是一个城市、一个时代的精神面貌。徜徉在现代商业中心，即使没有购物，也可以感受到各个品牌橱窗带给人们的美的体验。

第二节　橱窗展示设计的灵感来源与橱窗布置方式

橱窗展示设计的过程是一个从构思到实际布置的过程，在这个过程中，构思和实际布置这两个环节缺一不可。只有想法而没有实际操作，再美轮美奂的设计也只能停留在想象阶段，无法付诸实施；反之，不经过构思而直接进行的橱窗布置，会让设计者在实际操作的过程中遇到重重困难，事倍功半。因此，对于一名从事橱窗展示设计的服装陈列师来说，既要在平时重视对设计灵感的捕捉，也要注意掌握具体的橱窗布置技巧，以便于把灵感转化为实际的设计作品。

一、橱窗展示设计的灵感来源

一个服装店的陈列设计，重点在于橱窗设计，而橱窗设计的重点，就在于怎样做出有创意的橱窗。陈列设计师在做陈列时，往往会将最多的精力放在做出与众不同的橱窗设计，但是，困扰陈列设计师的往往是怎样获得橱窗设计的灵感来源。实际上，橱窗展示设计的灵感并非无迹可寻，它并不完全是玄妙的、停留在设计师意识层面的东西，而是具有一定客观规律性的。当一个陈列师在做橱窗设计时感到大脑一片空白，缺乏设计灵感时，就可借助以下几方面作为自己设计的灵感来源。

一般意义上，橱窗设计的灵感来源主要来自于三个方面：第一，直接来源于时尚流行趋势主题；第二，来源于品牌的产品设计要素；第三，来源于品牌当季的营销方案。

1. 时尚流行趋势

每年由各大流行趋势研究室进行发布，一般分为若干个主题。如法国的 Nelly Rodi 设计事务所，每年两次发布次季的春夏和秋冬流行趋势，通常分为 4 ~ 8 个主题，每个主题都有鲜明的特点，包括格调、色彩、质地和款式等元素。作为陈列师，我们只需选择其中适合本品牌风格的主题，将其中的某些设计元素提炼出来，运用在本品牌的橱窗设计中即可。

2. 品牌的产品设计要素

其实是由服装设计师代替陈列设计师完成了对时尚流行趋势主题的分析和提炼这一步骤。服装设计师会对下一季的流行趋势进行研究，找出其中适合于本品牌的设计要素，然后，根据这些设计要素进行系列设计，开发出几大系列主题鲜明又风格统一的产品。陈列设计师此时只需对产品的这些设计要素加以引用，在橱窗设计时将其进行视觉表现，就可以做出既符合时尚流行趋势又忠于品牌自身风格的设计。这些设计要素可能是一块面料的花型或肌理，亦或是一个款式的结构特点。

3. 品牌当季的营销方案

以服装销售的时间段来划分，其中包括新品上市计划以及一些重点节假日的营销策略。在这些重点时期，如春装上市、“五一”劳动节、秋装上市、国庆节和春节期间，品牌必然需要进行有针对性的重点陈列设计，陈列设计师可以从这些时段的代表特征中去发掘，这些特征要准确地体现该时间段的特点。如圣诞节的代表特征：圣诞树、圣诞老人、雪花、礼物；情人节的代表特征：桃心、巧克力、红玫瑰……陈列设计师在这个时候就要通过应季的橱窗陈列设计明确地提醒每一位路过的顾客，新品的上市和节日的到来（图 109、图 110）。

图 109　圣诞节主题的橱窗设计

图 110　情人节主题的橱窗设计

二、橱窗布置的方式

对于服装陈列师来说，有了橱窗展示设计的灵感还不够，还需要通过实际操作把这些灵感转化为具体的橱窗设计作品。目前理论界对于橱窗布置的方式描述众多，并没有达成统一的标准，研究者们从不同的角度出发，总结出了很多不同的橱窗布置方式。

1. 直接展示

直接展示法指的是将道具、背景等设计元素减少到最小程度，让商品自己说话。运用陈列技巧，通过对商品的折、拉、叠、挂、堆，充分展现商品自身的形态、质地、色彩、样式等。这类橱窗设计风格简洁明快，常用于塑造格调高雅的氛围，使用范围广泛，主要目的是让消费者把目光投射到服装上。许多橱窗的背景日趋简洁，道具简单，仅通过服装和人模等方式的组合和排列营造节奏感和韵律感（图 111）。

图 111 的橱窗设计，设计师以简洁的黄色图片作为背景，仅有三个模特和几个饰品，大气简洁，使消费者的目光能够很快集中在模特所穿着的服装上。

2. 综合式橱窗布置

它是将许多相同或不同品类、不同性质的物品进行组织，陈列在一个空间环境中，组合成一个完整的橱窗广告，传达一种总体印象，是综合性百货商场或多品类经营的品牌常用的展示方式。比如将内衣店里的文胸、套装内衣、家居服综合陈列在一个橱窗内，以组成一个完整的橱窗广告。综合式展示要注意展品间的条理性和主次关系，避免给人杂乱无章的感觉（图 112）。

如图 112 的橱窗设计中，陈列师采用了综合式橱窗布置的手法，不仅展示了模特身穿和悬挂的服装，还通过挂放和堆放的形式展示了女包、女鞋、靴子等商品，这些商品的综合搭配使得品牌的“女性化”特征表露无疑。

3. 系统式橱窗布置

大中型店铺橱窗面积较大，可以按照商品的类别、性能、材料、用途等因素，分别组合陈列

图111　直接展示式橱窗布置

图112　综合式橱窗布置

在一个橱窗内。例如，男装店中，陈列师可以把不同色彩、款式，同一系列的男士休闲西装组合陈列在一个橱窗里(图 113)。

采用系统式手法布置的橱窗，由于其产品的内在关联性较强，产品之间或类别、或性能、或材料、或用途的统一性使得这种橱窗布置手法能够给人很强的系列感和秩序感，方便消费者的浏览，适用于产品系列性较强的服装品牌。

图 113　系统式橱窗布置

4. 专题式橱窗布置

它是以一个广告专题为中心，围绕某一个特定的事情，组织不同类型的商品进行陈列，向媒体大众传输一个诉求主题。专题式橱窗布置又可分为：节日陈列、场景陈列等具体形式。

节日陈列——以庆祝某一个节日为主题组成节日橱窗专题，例如春节、圣诞节等(图 114)。

图 114　圣诞主题的橱窗布置

场景陈列——将服装商品置于某种设定的“生活场景”中，通过特定的场景传达生活环境中商品使用的情景、使用者的情绪等，使消费者产生共鸣，把眼前的情绪与自己的体验联系起来，进而产生对品牌的认同感和归属感。例如，可以在以白领女性为目标消费群体的服装店橱窗中，利用服装、人模、吧台、茶几、桌椅、酒具等道具，设置一个“女性白领聚会”的生活场景；或者在亲子装的服装店中，设计父母和子女在一起的生活场景，引起消费者的情感共鸣(图 115)。

图 115　某亲子装的橱窗布置

5. 季节性橱窗布置

按照一年四季的季节变化来陈列，通过相应的主题和内容创造典型的季节气氛，以促进销售。如冬末春初的春装、羊毛衫、风衣展示，春末夏初的夏装、凉鞋、草帽展示……这种手法满足了顾客应季购买的心理特点，有利于扩大销售(图 116)。

图 116 季节性橱窗布置

图 116 是典型的春装展示，整个橱窗设计的亮点在于背景的设计，背景中高明度的绿色、白色的蝴蝶和花丛的结合营造出了“草长莺飞”的春天感觉，在背景的衬托之下，前景所展示的春装被衬托得更加具有春天的生机与活力。季节特点鲜明的橱窗设计无时无刻不在提醒着路过的行人，春天到了，新款春装已经上市了。

第三节 橱窗展示设计的基本原则

橱窗是卖场中有机的组成部分，它不是孤立的。在构思橱窗的设计思路前必须要把橱窗放在整个卖场中去考虑。另外，橱窗的观看对象是顾客，我们必须要从顾客的角度去设计规划橱窗里的每一个细节。

一、橱窗在建筑装修上的设计原则

对橱窗展示设计原则的把握不仅局限在结合服装与其他道具的设计阶段，还要求经营者和设计者在建筑装修阶段就介入其中，这样能够使得将来的橱窗展示效果更加完美。

（1）橱窗横度中心线最好能与顾客的视平线相平，在方便顾客浏览橱窗的同时也有利于橱窗展示效果的充分表现。

这要求设计者在服装店橱窗的建筑装修阶段把好关，把握好橱窗的高度，位置过高或过低的橱窗都不利于顾客对橱窗内所陈列商品的浏览，因为过高的橱窗位置会在视角上形成“仰视”的效果，既不方便顾客观看，也影响所陈列服装的视觉效果；同样，过低的橱窗位置会在视角上形成“俯视”的效果，从人体工程学的角度考虑，人的视线自然下落的位置是最舒适的观赏位置，过低的视线位置会让顾客觉得不舒适。

（2）在建筑装修阶段，要特别注意橱窗的防尘、防热、防淋、防晒、防风、防盗等因素，要采取必要的措施予以保证。

一个好的橱窗设计作品是陈列师的辛勤劳动和智慧的结晶，然而，除了设计，很多时候还要注意实现这个设计的硬件条件，例如橱窗在建筑装修上的防尘、防热、防风等特性，否则，一个外观上完美无暇的橱窗设计作品很可能因为进入灰尘或者风吹雨淋等因素而遭到破坏，设计师的辛苦劳作也可能因此而付之东流。

二、橱窗在营销上的设计原则

橱窗里陈列的商品应该是本服装店出售的,而且是最畅销的商品。

强调所陈列商品应该是本店出售的原因有两点:第一、橱窗是服装店面对消费者时的第一展厅,它是服装店最直观、最生动的广告媒介。作为经营者,绝没有用自己的设施替竞争对手或别的品牌做广告的道理,所以,在进行橱窗设计时,我们应该使用本品牌、本服装店出售的服装;第二、在日常经营中,有时会出现这样的现象,顾客在橱窗里看到了一件非常漂亮的服装,但是当顾客兴冲冲地去问导购人员时,得到的回答却是“橱窗里摆放的是样品,店里目前没货”,这势必会影响顾客的心情,不利于品牌形象。因此,橱窗里展示的服装应该是本店出售的,而且最好是除了样品还有现货的。

强调所陈列商品应该是最畅销商品的原因是:从服装销售的角度来说,消费者对于服装的审美品位和喜好是存在地区性差异的,因此,经常出现同样的一款服装在A地区卖得好却在B地区卖得很差的情况。在某家服装店里,某款服装成为畅销服装意味着该款服装符合该地区大多数顾客的审美喜好,从促进销售的角度来讲,自然应该把畅销服装陈列在橱窗里,因为良好的销售情况已经说明,该款服装符合该地区消费者的“口味”,让他们觉得“赏心悦目”。

季节性商品必须在季节到来之前一个月预先陈列出来,向顾客介绍,这样才能起到迎季宣传的作用,这样做的主要目的是为了给顾客一个了解、接受新上市服装的过程。

三、橱窗展示设计的原则

(一)考虑顾客的行走视线

虽然橱窗是静止的,但顾客却是在行走和运动的。因此,橱窗的设计不仅要考虑顾客的静止的观赏角度和最佳视线高度,还要考虑橱窗自远至近的视觉效果。为了顾客在最远的地方就可以看到橱窗的效果,我们不仅在橱窗的创意上做到与众不同,主题要简洁,还要适当地加大橱窗在夜晚的灯光亮度,一般橱窗中灯光亮度要比店堂中提高50%~100%,照度要达到1200~2500Lx。另外,顾客在街上的行走路线一般是靠右行的,通过专卖店时,一般是从服装店的右侧穿过店面。因此,我们在设计当中,不仅要考虑顾客正面站在橱窗前的展示效果,也要考虑顾客侧向通过橱窗所看到的效果(图117、图118)。

图117 经典的黑白两色对比式橱窗设计

图118 高照度的灯光使得夜晚的橱窗更有韵味

（二）橱窗和卖场要形成一个整体

橱窗是卖场的重要组成部分，在布局上要和卖场的整体陈列风格相吻合，形成一个整体，如果把卖场比喻成一本书，橱窗就是它的封面，封面的设计风格必须和内文的版式相协调。特别是通透式的橱窗，不仅要考虑和整个卖场的风格相协调，更要考虑和橱窗最靠近的几组货架的色彩相协调(图 119)。

图 119 中，通透的玻璃和相近的服装色彩让 AKRIS 的橱窗与店内空间浑然一体，这种强调和谐的理念也符合品牌自身在美感与设计理念上的定位。

在实际的应用中，有许多陈列师在陈列橱窗的时候，却往往会忘了卖场里的陈列风格。结果我们常常看到这样的景象：橱窗的设计非常简洁，而里面却非常繁复。或外面非常具有现代感，里面却设计得很古典。

（三）主题要简洁鲜明，风格要突出

我们不仅仅要把橱窗放在自己的店铺中考虑，还要把橱窗放到整条街上去考虑。在整条街道上，其实你的橱窗只占小小的一段，如同一个影片中的一段，稍纵即逝。顾客在你的橱窗前停留也就是小小的一段时间。因此，橱窗的主题一定要鲜明，不要这也要宣传，那也要宣传。要用最简洁的陈列方式告知顾客你要表达的主题(图 120)。

图 119 橱窗设计

图 120 简约式橱窗设计

课后思考题

1. 根据你平时的购物经验,说说你所理解的橱窗展示的概念。

2. 结合本节讲到的橱窗的分类标准和你自己平时购物时对身边的服装店的观察,说说你见过哪些类别的橱窗?哪些类别的橱窗给你留下的印象最深刻?为什么?

3. 除了本节所讲到的橱窗的四个功能以外,你认为橱窗展示还应有哪些功能?

4. 简述橱窗展示设计的灵感来源。

5. 针对本节所讲的橱窗展示设计的灵感来源,你认为一个优秀的服装陈列师应该具备哪些素质?

6. 出门购物时带上数码相机,将你看到的印象深刻的橱窗设计拍下来,并思考以下问题:他们所使用的橱窗布置方式属于哪一种?如果你是设计师,你认为他们的设计好不好?好在什么地方?不好应该怎么改进?

7. 除了本节所讲的橱窗在营销上的设计原则以外,你认为陈列师在设计橱窗时还有哪些营销方面的因素应该考虑?

8. 根据你平时的购物经验,你认为橱窗设计常见的问题是什么?

第八章 服装店商品管理

第一节 服装商品组合

一、服装商品组合的概念与意义

（一）服装商品组合的概念

服装商品组合是指按一定的标准将服装店经营的商品划分成为若干系列和品目，并确定各系列和品目在商品总构成中的比重，最终形成服装店的全部商品结构。其中，商品品目是指商品系列中的个别商品。例如，服装店内套装系列中的牛仔布套装。商品系列（商品类别）是由具有同类功能或能满足同类需求而规格、档次、款式、色彩不同的一组商品构成。例如，服装店中共有大衣，风衣，套装、上衣、女裤等几个系列。

（二）商品组合的意义

在目前服装品牌竞争异常激烈、服装同质化现象突出而顾客追求消费个性的现象下，商品组合在现代市场营销的发展中起着越来越突出的作用，它通过对市场变化和顾客需求与喜好的分析，做出商品品目的组合策略，同时把服装商品根据市场的需求借助陈列方式重新组合，形成个性化的视觉形象和特定的视觉传达效果，强烈吸引顾客的注意力，在最短的时间内向顾客传递最多的服装信息，加深顾客的理解，得到顾客的认同，从而达到促进服装市场销售的目的。同时可以美化店面环境，营造良好店面氛围，为顾客提供一种享受购物、享受消费的营业场所，提升店面的形象和吸引力。商品组合策略的制定同样也会对服装店的进货计划产生影响，在制定商品组合策略的同时，服装店可以通过对顾客需求与喜好的深入分析，结合本地市场的情况，制定出具有针对性的服装进购计划，进而提升服装店的销售业绩。

二、商品组合的结构

（一）商品分类方式

按照商品的性质及功能可以将商品分为主力商品、辅助商品、附属商品等。

1. 主力商品

主力商品多为主线商品、热销商品，高利润、品项齐全且能营造店面气氛，例如上衣、外套等商品，尤其以季节类主题商品为主。

2. 辅助商品

多为不可缺少的消耗性商品，这类商品具有实用性，是吸引顾客或搭配主力商品的商品。

3. 附属商品

是指可以与主力商品或辅助商品共同被购买、共同被消费的商品，多为配件或相关性商品，如皮带、丝巾、项链等。

（二）商品组合的结构

通过相关的市场调查和统计，可以发现主力商品在店面的营业额比例中占 70%，辅助商品占20%，关联商品占10%左右。在商品成交品种中，情况大致为主力商品占25%，辅助商品占45%，关联商品占30%。虽然主力商品在种类中只占25%，而在总营业额中却占70%，其他的商品销售占据了总销售额的30%，因此只有将商品有效组合才能确保店内整体业绩。

三、商品组合流程

商品资料收集齐全后，根据对市场变化及顾客需求的分析，将符合顾客需求及具有优势的商品按照顺序挑选出来，依次排列，筛选出需要的商品。挑选决定后，判定其畅销度，最后综合考虑这些因素确定最终的商品组合形式。在这个过程中，通常是先确定服装店里有多少商品系列，商品系列的数量确定后，再确定每一个系列中商品品目的数量，最后确定每一个品目中具体的商品数量。

对于服装进货渠道相对固定的品牌专卖店来说，在确定服装商品组合时还要考虑到总公司的营业指标和商品配送政策。

四、商品的组合方式

商品的组合方式多种多样，具有很大的灵活性，以下介绍几种常见的组合方式：

1. 专题性组合

把观者的注意力集中在某一商品或某一陈列主题上，通过各种商品互相联系的陈列方式形成一个整体，从而细致、深刻地表现主题。这个主题可以是节日，也可以是某种概念或生活场景。例如，“父亲用品”专题店面，通过中年男性生活中不同时段的穿着需求：休闲时间、外出时间、工作时间的组合，生动形象地描绘服装中富有特征的卖点，使顾客获得较深刻的印象。

2. 系列性组合

将服装以搭配好的套装形式组合的一种形式，这样的组合为顾客提供了多种服装搭配的方案，具有很强的导向性。这种商品组合具有很强的针对性，可以按照顾客的大致需求进行服装的风格划分和组合搭配。

3. 季节性组合

将季节性的服装进行组合陈列的一种形式，在陈列中，将同一季节的服装按照主力商品、辅助商品、附属商品的结构进行划分，在陈列中突出该季节的特征，吸引消费者购买。

第二节 服装商品采购

一、进货管理

（一）进货时机

1. 换季

一般来讲，根据服装店所在地区的季节变化规律，服装店在一年之内有四次换季，由于各个地方的气候特征不同,很难给出唯一的换季时间标准,例如,中国的南方地区,广东、海南等省份,一年中炎热的时候居多,夏装的穿着时间自然更长;中国的北方地区,黑龙江、吉林等省份,一年中寒冷的时候居多,冬装的穿着时间自然更长。在这里,我们以北京地区为例,说明服装销售的换季时间。

春季:换季时间从每年的2月底开始;

夏季:换季时间从每年的4月底开始;

秋季:换季时间从每年的7月底开始;

冬季:换季时间从每年的9月底开始。

由于在服装销售的作业过程中,必须给消费者足够的时间去了解新上市的服装,因此,服装的换季作业通常要在新季节来临之前一个月左右的时间来进行。

2. 开店或装修后

在新开店或旧店重新装修之后,通常需要进购服装来为后续的服装销售做准备。

3. 补货

补货是一种特殊的进货形式,通常由顾客购买而造成卖场缺货,或因促销活动安排造成的店内现有服装数量短缺而引起。

(二)进货原则

1. 适时

在卖场需要进货时,通常需要考虑以下几方面:

这次进货是否可以赶在促销活动前进行。合理的计划进货时间可以使卖场对服装商品的进购充分满足促销活动的需求,进而促进卖场的业绩增长。

进货的时间是否可以避开一天生意忙的时段,或避开周六、周日以及法定假日。服装卖场的进货是一个包含多个流程的过程,并非把需要的服装进购回来就结束了,在这之后还要进行新进货品上架,调整仓库等流程,这一过程必然会需要一定的人力和时间来完成,而周六、周日或节假日这些时段往往又是服装店销售情况最好的时段,如果把进货时间安排在这些时间段,则必然会贻误最佳的销售时机,为卖场带来损失。

2. 适量

我们可以把进货分为常规的进购新货或补充已有货源两种形式,无论是进新货还是补货,都应该对所进货品的数量有所把握,掌握好适量的原则。

对于进货来说,数量不能太多以至于造成服装店无法容纳或仓储量过大,或者商品展示拥塞不堪。对于服装店来说,服装的仓储同样也需要成本,卖场需要给库管员支付薪水,一方面,大量和长时间的存货可能会造成服装积压与损耗,这些都可能引起卖场仓储成本的提高;另一方面,进货数量又不能太少,太少则对顾客缺乏足够的吸引力。

对于补货来说,同样要满足卖场商品的需求量,补货的数量很难把握,既不能太多也不能太少,卖场可以对照同类商品去年同期的总销量来确定需要补货的数量。当然,对于补货数量的预测不可能十分精确,需要考虑所在地区消费者喜好、市场反应与店员导购能力等多方面因素。

（三）进货前置作业

为了达到进货的适时、适量要求，事前的规划非常重要。进货前置作业应当重点考虑以下几个因素：

合理的商品容纳量，包括卖场展示量以及库存量，可以稍微少一点，但绝对不能过多；

服装店商品组合结构规划。根据商品组合策略决定各个系列的进货数量；

促销活动的需求。针对促销活动的商品应优先予以补货，保证充分的货源，不会使广告宣传主题与卖场的商品脱节而影响促销效果。

二、进货、补贷、退换货、接货流程

由于个体性质的小规模服装店进货方式灵活，进货渠道广泛，很难制定出统一的标准，因此，这里所讲的“进货、补贷、退换货、接货流程”主要针对大规模的品牌服装店，它们往往拥有固定、统一的进货渠道与进货流程，整个流程在卖场和卖场所属服装生产企业之间完成。

（一）进货（俗称铺货）工作流程

根据订货单与总部联系确认本次进货明细单和发货日期—清理卖场和库房为进货做好准备—进货—进入接货流程。这里的“订货单”是由卖场独立制定或者与总公司商议制定，需要商议的原因是有时总公司不一定能满足卖场的全部订货需求，而且总公司通常会制定针对全国各地区专卖店的配货计划，通常，北京、上海、广州这样的一线城市往往会得到最新的和最为充分的货源配置。

（二）补货流程

根据销售情况确认本次补货清单—将补货清单传真到总部—补货单被总部调整后最终确认—接货—进入接货流程。这里提到的补货单被总部“调整”的原因是因为总部会根据企业生产情况和统一的全国配货计划作出补货数量上的调整。

（三）接货流程

根据总部的发货单验货—清点货品—签收—回单—更新库存记录。这里所提到的“更新库存记录”的工作对于服装卖场来说非常重要，因为库存记录是卖场统计货物数量、销售情况的一个重要指标，因此，库存记录要随着每次进货和补货而不断更新。

（四）退换货流程

退换货通常在进货发现质量问题或销售中出现滞销压库存或质量问题时进行，它的流程是：确定退换货申请单—将申请单传真至总部的配送中心—申请单被总部确认—将所退换货品交付托运发至总部配送中心—更新库存记录。

第三节　商品销售管理

良好的商品销售管理首先要重视数据的管理。透过商品销售数据，能够解读到深藏在日常经营管理以及市场中的所有信息。在瞬息万变的市场竞争中,掌握信息才能掌握市场的脉搏,也才能成为最后的赢家。

因此,好的销售管理不只是做好销售统计,满足账务作业的需要,更重要的是妥善利用所搜集的资料,发挥数据在管理上的效用,并作为商品组合、经营绩效分析、商品销售分析、营业规划等的经营管理决策的重要参考依据。

一、销售信息的管理准则

(一)正确

1. 商品与标示相符

在顾客选定商品付款前,店员应该对商品的内容(商品编号、款式、尺码、价格)与实物是否相符、品质是否合乎要求等进行确认。如有修改,则确认修改是否正确等。在实际销售过程中,如果因为店员的疏忽,给消费者拿错了服装的尺码或款式,则容易引起消费者与卖场之间的纠纷,会对卖场的口碑与形象产生负面影响;另外,错误的销售信息也会干扰卖场自身的商品销售管理,增加不必要的工作量,影响卖场的工作效率。

2. 账务作业正确

销货后,要立即填写销货报表,目前大多数的服装卖场都采用电子账务管理,将相关销售信息存储在电脑里。报表内容包括商品编号、尺码、价格、数量、折扣等这些内容都必须准确无误。价格或折扣的错误记录会影响账务作业的正确性,为卖场增添不必要的工作量。

(二)快速

为了得到完整和充分的信息,完成一笔交易的同时,应及时将销售资料正确且快速地输入服装店的电脑系统中,或是填好报表,传送到公司总部。快速的账务信息记录会使得卖场的工作效率大为提高,起到事半功倍的效果。

(三)销售管理系统规划

要使销售信息充分发挥功能,事先就要做好完善的销售信息管理系统规划。规划的细节包括:

按时间段分类,如日报、月报、季报、年报、促销活动报告等。

按商品分类,如商品系列、商品款式、新品等。

按商品品目分类,如商品编号、颜色、款式、尺码等。

按分析比较分类,如与上期比、与同期比、与目标比等。

二、销售管理作业参数

(一)销售日报

服装店销售日报是每日销售活动的第一手资料。服装店的当天销售情况都显示在日报记录中,是最快,也是最直接的参考资料。

(二)目标达成率

每周、月、季销售累计资料可以帮助了解经过一段时间销售后的目标达成状况,起到鼓励导

购人员，激励工作积极性的作用。计算公式是：目标达成率＝实际营业额 / 目标营业额 ×100%

例如，某月销售目标营业额为 10 万元，该月实际营业额为 11 万元，则该月目标达成率为 110%。

在为卖场制定销售目标时应注意，销售目标的制定一定要合理，既不能过高，也不能过低。销售目标不能定得太高，脱离实际。如果一家卖场一个月的销售额上限为 10 万元，目标制定为 20 万元，则导购人员会因为目标的难以完成而丧失销售信心，工作积极性也会受到打击；同样的，销售目标也不能定得太低，导购人员会因为销售目标太容易实现而失去上进心，丧失工作热情。

（三）营业绩效成长率分析

服装店经营的成本，如租金、水电费、员工薪资等费用逐年在增加，因此经营绩效也必须随之增加。营业绩效成长率是这一绩效最基本的评估指标。

营业额成长率＝（本年某期营业额－去年同期营业额）/ 去年同期营业额 ×100%

例如，本年 8 月营业额 14 万元，去年该月营业额 13 万元，则营业额成长率为 7.7%。

纯利润成长率 =（本年某期纯利润 - 去年同期纯利润）/ 去年同期纯利润 ×100%

例如，本年 8 月纯利润为 9.5 万元，去年该月纯利润为 9 万元，即其纯利润成长率为 5.6%。

营业额成长率必须与纯利润成长率相比较，才能知道营业额成长是否带来实质的效益，如果只是营业额成长，但纯利润却减少，也势必造成沉重的经营负担。以上面所举数字为例，在营业额成长率达到 7.7% 的同时，纯利润成长率则只有 5.6%，原因是销售成本从去年的 4 万元增长到了今年的 4.5 万元。由此可见，如果营业绩效不能进一步增加，则在销售成本不断增加的同时，纯利润会不断减少。

（四）人效和平效分析

服装店常用的简易绩效指标有人均经营效率（人效）以及每平米经营效率（平效）。

人均经营效率＝一段期间的销售累计额 / 营业人员人数

每平米经营效率＝一段期间的销售累计额 / 营业面积

例如：某月营业额为 12 万元，该店营业人员人数 3 人，营业面积为 30m^2，则人均营业额为 4 万元，每平方米营业绩效为 4000 元。通过分析每个月的人效，可促使我们调整人员编制与经营业绩之间的互动关系。而通过分析平效，可以促使我们及时调整服装卖场的营业面积、商品组合、商品的陈列装饰等要素之间的配合。对于服装卖场的决策者来说，人效和平效分析有助于他们制定人员招聘或缩减计划和营业面积的扩充或缩减计划。以上面所举数字为例，人均营业额为 4 万，证明人效很高，可以考虑继续招聘员工，而每平米营业绩效为 4000 元，说明平效同样较高，可以考虑扩充服装店面积。

（五）商品销库比

商品销库比是指某款商品已经销出的数量和库存数量之间的比例关系，通过分析商品销库比可以看出哪些商品卖得比较好，哪些商品卖得比较差。

商品销库比 = 商品销售量 / 商品库存量 ×100%

倒如：某件商品已销售 10 件，库存还有 80 件，则商品销库比为 12.5%。

对于销库比的分析，可以帮助决策者及时做出补货或甩货的决定，以上面所举数字为例，某款服装销库比为12.5%，销库比偏低，可以考虑降价处理或直接清仓甩货。

但是，在分析销库比数字高低的同时一定要注意商品的销售时间，必须在商品开始销售一段周期之后再分析其销库比，进而做出决策。否则，一件服装刚刚上架2小时，很多消费者还没有注意到，此时的销库比必定偏低，做销库比分析也就没有意义了；如果一件服装已经上架两周，销库比仍然偏低，此时的分析就有意义。

第四节　商品存货管理

对一般服装店而言，商品存货是主要营业活动与获利来源，它往往占一般服装店流动资产的20% ~ 50%。因此，存货的规划与管理如出现不当，将使商家蒙受重大损失。如果存货过多，不但造成资金积压，且易导致存货过时、损坏、仓储成本增高；如果存货过少，则可能因缺货而丧失销货的机会，并造成影响店面形象的不良后果。

由于现在的消费型态与过去相比已有显著的改变，消费者的喜好变化快，因此产品的生命周期也愈来愈短。此时若库存过多，就会失去对新商品的应对力。为了减轻积压过多的风险，假如在管理上可使库存为零而不影响到生产与销售，则零库存可谓是最好的方法。需要注意的是，这里所说的零库存并不是指仓库里一件存货也没有，而是指存货数量非常少。

尽管采用库存销售的经营会产生资金积压，但多数商家仍习惯采用这类经营方法。分析其原因，是因为库存销售具有下列功能：

(1)库存能够满足顾客立即交货的需求；

(2)库存可满足因季节变化所产生的临时性需求；

(3)库存可应付临时增加的订单或交货期的变动以及内部原因所引起的产量变动。

对于以上提出的第2、3点，通过对现代管理技术的有效应用可加以克服。对于第1点，则只要准备好短期内能交货的数量即可。综观上述，服装店其实可以减少或不须保留库存。比如按销售制度分为必要及不必要库存，并分别处理不必要的库存，以设法做到“零库存”。

一、存货管理的效益

良好的存货管理是成功的保证，其产生的效益如下：

1. 减少停工待料的发生，使工作顺畅，不致停止运转；
2. 保有适量的最终存货，可应对市场需求的增加，保住信誉；
3. 减少资金积压，让资金更有效地运用；
4. 使全年作业量平稳，以避免员工旺季工作过度，淡季无所事事。

良好的存货管理是管理绩效优良的特质之一。因此，管理者必须对货品的进购、储存等做周密的安排与管理，以免因存货管理不当而蒙受无谓的损失。

二、存货过剩的原因

（1）对流行趋势、服装销售前景作出了错误的估计；

（2）商品不能满足顾客的需求，无人问津导致存货过多；

（3）导购人员行销能力差，无法带动服装销售；

（4）无零库存的观念；

（5）价位过高。

三、减少存货积压的方法

（1）找出造成存货增加的原因并加以预防及改善，要求对存货过多原因进行分析，并做出有针对性的改善策略；

（2）加强商品的规划能力，要求在进货前对进货量进行科学分析；

（3）提升行销能力，加强对店员销售能力的培训。

四、常见存货的处理方式

（1）以折扣的方式处理，市面上常见的折扣活动通常都是对存货的处理；

（2）批售处理，以批发的形式低价出售给小进货商；

（3）甩货，以远远低于成本价的价格对存货商品进行甩卖；

（4）退货，适用于“厂店合一”的卖场或事先有合同规定的代理商、加盟商。

第五节　商品换季作业管理

换季是对上一季的销售活动划上一个句号，也是新一季的开始。换季作业的顺利与否，安排是否妥当，对服装店上一季销售剩余商品的处理及新一季商品的分配及销售，都有重大的影响。因此在处理换季作业时必须要有缜密的规划。

一、换季需要注意的事项

1. 上一季商品的出清状况

如果出清速度超过预期，就要考虑提前换季；如果出清速度慢，就要考虑提前换季能否吸引顾客，答案若不乐观，应照原计划进行；

2. 新一季商品准备的情况

搞清公司总部商品是否可如期交货，因为商品准备的情况将直接影响换季作业；

3. 气候的变化

换季都是在季节转换、气候最不可捉摸的时候。气候如果有大的变化，不合时令的服饰就要收起来。

4. 百货公司的换季时间

店中店必须配合所在百货公司的换季时间；

5. 换季广告

换季广告一经推出，表明新的一季正式登场，此时上一季的商品就不应该再在卖场出现。

二、换季前期作业

进行换季前期作业时应考虑下列各点要求：

(1)服装店合理的商品容纳量，包括卖场展示量及仓库库存量；

(2)商品组合计划，选择哪些系列的服装，每个系列在总量中占据多少；

(3)当季商品规划的风格与主题。

三、季末商品处理

换季前应对服装店所有的商品进行全面了解。哪些商品可继续出清，哪些商品面临退货，注意把握住最后的机会，把商品清空。

四、滞销商品管理

被市场所冷落的商品即为滞销品。滞销品如果得不到及时处理，到了季末就会成为存货。

(一)滞销商品类型

(1)绝对滞销品：商品销售额低于预售目标的商品，就可判定为绝对滞销品；

(2)相对滞销品：将商品销售的百分比由高到低排列，销售百分比最低的商品成为相对滞销品，即在所有销售商品中相对不容易售出的商品。

(二)滞销商品的处理方法

(1)打折促销；

(2)提高该类商品的销售奖金。销售奖金的提高，有助于激励店员努力销售要处理的商品；

(3)送赠品。针对该类商品，在销售时送赠品，增加顾客购买的诱因。

(三)处理滞销商品应注意的事项

(1)集中陈列。若是商品分散各处，可能无法引起顾客的注意。

(2)宣传。应利用明显的海报告知顾客商品信息。

(3)要有足够的准备量。如果只是排列少数几件滞销品，在气氛上无法带动人气，滞销商品促销应该有一个完整的陈列空间。

(4)不可喧宾夺主。滞销商品不应占据多于常规商品的销售空间，如果让顾客觉得好像是折扣店，将大大损害品牌形象。

课后思考题

1. 简述服装商品组合对服装店商品管理的意义。

2. 为什么会出现本节所讲的主力商品在种类中只占25%,而在总营业额中却占到70%的情况?

3. 在你平时的购物经验中,除了本节中所提到的商品组合方式,你还见过哪些商品组合方式?

4. 说说你所在的城市一年四季的换季时间,如果你要在当地经营服装生意,有哪些气候上的因素需要注意?

5. 你认为哪些方法可以帮助服装经营者更加准确地把握进货数量?

6. 简述进货与接货流程。

7. 简述本文所讲的几种常见的服装陈列方式。

8. 除了本节所讲的服装陈列方式以外,你还见过哪些让你印象深刻的服装陈列方式?

9. 在你自己的日常穿着中,喜欢怎样的服装色彩搭配?谈谈这种搭配的特点。

10. 谈谈你所理解的色彩与服装陈列的关系。

11. 简述服装陈列展示的技巧。

12. 简述商品销售信息的管理准则。

13. 结合你自己的购物经验,谈谈导购人员在进行商品信息管理时还有哪些环节需要注意?

14. 谈谈你所理解的销售管理作业参数对服装店商品销售管理的意义。

15. 服装店的商品存货管理能为服装店的商品销售带来哪些效益?

16. 除了本文所列举的这些存货过剩的原因外,你认为还有哪些因素可能导致存货过剩?

17. 简述商品换季作业应注意的事项。

18. 除了本文所提到的滞销商品的促销方法外,你认为还有哪些营销方式可以帮助滞销商品的促销?

第九章

服装店的日常管理

第一节　营业前的管理

一、开店前的准备工作（约5分钟）

为了保证店面的信誉，体现店面人员对工作的严谨、负责，增强顾客对店面的信任，大部分的店面都会要求店员提前半小时到店。到岗后要及时更换衣服，正确佩戴店面专用的工牌，同时修饰好自己的仪表、仪容。在店面营业前，店长或每日值班小组长要负责督促店员签到，执行严格的考勤。考勤反映的是店面人员调休、出差、请假、出勤的情况，同时侧面反映了人员配置的合理性以及店长管理工作的合理性，对厂商或是店主有很重要的参考价值。

另外，到店后要及时开启店门，根据实际情况，正确启动电器及照明设备，如有损坏及时通知相关人员修理。需要注意的是，店面电器及照明设备的开启不是一成不变的，店员应随天气冷暖的差异进行调整，比如在夏季，店面正式营业前一定要打开空调及时调温，保证店面的凉爽。

二、例会的召开（15～20分钟）

店员的例会通常分早会和晚会两种，对于实行两班制的店面还可能安排交接班例会。早会在每天开始卖场工作前进行，晚会在结束卖场工作后进行。

（一）例会目的

例会是店面每日营业前要进行的重要程序，通过例会的召开，达到传递信息、加强人员间沟通的目的。

（二）例会的重要性

例会的时间不长，却可以起到重要的积极作用。例会的召开可以在很大程度上提高店面人员的整体士气，也可以由此提高其工作效率，增强同事间的沟通，最终促进销售，达成更好的销售业绩。

（三）例会内容

例会的重要内容之一是对昨天的营业状况进行分析，主要包括以下内容。

1. 货品分析

比如哪些货品走势很好，讨论是否需要补码或备货；哪些货品已经很长时间没有售出，存在滞销迹象，可以在陈列及人员推销方面加强；哪些货品在顾客试穿过程中提出板型偏小或偏大的问题，需要导购在后面的推荐中引起注意。

2. 市场分析

比如目前行业的发展趋势如何，当地有哪些同类的竞争店面，它们的实力如何，哪些业绩很好，为什么会有如此好的销售业绩；目前市面上流行一些什么样的色彩等。

3. 顾客服务分析

比如分析目标顾客的购买力如何，购买的动机是怎样的，针对此在顾客服务方面可以有一些什么样的创新；店员在实际销售过程中有没有收到关于服务方面的投诉，顾客的建议是什么，如何采取相应的策略。

4. 人员分析

比如在前日的营业过程中存在一些什么样的问题，检讨得失，解决存在的问题；在销售、服务、陈列、货品管理等方面有哪些同事的表现突出，在店员间树立榜样，相互鼓励以提高销售热情等。

5. 其他问题

公司信息、同事之间交际、工作目标确立、精神动员等。

（四）例会技巧

1. 例会主题

召开例会不能搞形式主义，以往店面的早、晚会，喊喊企业精神、经营理念口号，然后解散，无多少实质性内容。例会除了安排工作外，主持者应围绕两个重点展开，一方面集中员工精神，扫除垃圾情绪，调动良好情绪；一方面加强员工的团队精神和凝聚力。

2. 例会前准备

开会前要做好准备，将例会内容和次序编排好，并习惯把例会内容记录在随身携带的记事本上，以免遗忘，也方便早、晚班交接。

3. 例会站立方式

开会时最好是站成圆形，这样可以方便大家观察到每一位同事的表现，也是团队向心力的表现。

4. 例会主持

例会通常由店长或小组组长负责组织召开，也可以全员轮流主持，有利于使每一位店员都得到锻炼。在开会的过程中，主持者要与每位同事保持目光接触。主持者声音要清晰，避免单向说话，可多用开放式的发言引导同事参与。例会的内容以激励为主，不适合有太多批评，否则会影响店员整天工作的情绪。

5. 例会时间把握

例会的时间不是越长越好，时间太长的例会不仅影响店面正常营业，还会使店员产生厌恶的情绪，产生负面的效果。通常情况下，例会的时间控制在 15 ~ 20 分钟内。

（五）早会礼仪训练流程

（1）全体站立。

（2）检查仪表仪容、着装及精神面貌。

（3）早会开始。

（4）互动问好。

（5）店面精神及经营理念宣导。

（6）早会主题及主题内容（同时完成早会记录）。

包括主持者对昨日工作和销售情况的总结，传达公司的最新信息，同事之间相互交流工作经验，畅、滞销货品的分析及对策，了解工作中存在的问题并及时解决，讨论并对当日的工作进行布置及设定目标，鼓舞士气、调整店员心态。

（7）以励志方式结束早会。

有的公司以励志方式结束早会。例如采用“爱的鼓励”，主要是通过鼓掌鼓励方式帮助全体店员以积极的情绪投入到接下来的营业工作中。

三、货品的清点（约5分钟）

例会结束后，所有店员应分区域对卖场以及橱窗的所有货品进行清点，包括小的配饰，保证与前日营业结束后的盘点数据相符。当发现问题时，盘点人员首先实行重盘。若反复清点后仍存在问题的，应立即报告店长，及时进行核查，这样可以明确每班组店员的责任，及时解决问题。

四、店面清洁及业前整备

（一）音乐的播放

根据服装的风格和消费群体播放一些比较流行的音乐，来吸引顾客的购买欲望。

（二）店面的清洁

店面的清洁工作通常由店长组织店员分工进行，包括清洁地面、收银台、层板、衣架、橱窗、试衣间，使玻璃保持干净明亮。

（三）货品整理

清洁工作之后紧接着是要分组进行货品的整理。检查衣服上是否有灰尘，并及时处理干净；检查货品的质量，确保无次货、无错挂吊牌的现象；检查衣服排列顺序是否符合要求，并进行整理。

另外，在货品整理的同时，店员同时可以展开对各种货品面料、价格、优点等各方面的进一步熟悉，增强对新进货品的了解。

（四）宣传布置

主要是检查店面内POP的张贴布置等情况，检查橱窗是否杂乱，清理并及时更换陈列(至少每周更换一次)。

（五）其他业前整备

正式营业前店员要及时进行补货工作，在所有服装上架前完成整烫程序，以保证服装商品的完美展现；对于收银员则要提前做好收银台的业前准备工作，诸如收银台前的清洁、手提袋的准备、当日所需各类票据的准备，如小票、发票、收据等。

第二节　营业中的管理

一、营业中的主要工作

保证完成并努力超过营业目标是店面工作的核心任务，而造成不达标的原因可能有很多,诸如用人不当、进货失误、补货不及时、怠慢顾客、店面现场管理混乱等,这都是管理不善造成的。店长是店面的管理者,管理做得如何,决定营业额的高与低,因此,如何实施并号召店员进行营业细节的关注是至关重要的工作,具体包括如下:

(一)服务形象的维持

由于终端服务工作的特殊性,顾客没有充足的时间去发现导购的内在美,因此,把握好顾客在店面的时间,塑造良好印象非常重要,这将在很大程度上决定顾客是否与店员交流的意愿。因此,店员间要相互监督检查整体形象,做到外表端庄、举止大方、衣着整洁、面带微笑、精神饱满;谦虚有礼,提供热情、真诚、快捷、准确的服务;诚实可信,有良好的文化素养。

(二)顾客服务

店员的营业时间必须按店面的服务规范来接待顾客,并以销售为中心,努力完成销售目标,主要的服务要求包括:业务娴熟,善于回答顾客提出的各种相关问题,并向顾客提出建设性的意见,能帮助顾客选择最合适的服装商品;能记住常来顾客的偏好,关心顾客利益,尽力为顾客服务;收集顾客提出的意见和建议,归纳汇总上报到上级部门;妥善处理好顾客投诉及其他售后服务工作,维护店面良好形象;注意卖场内顾客的行为,有礼貌地制止顾客的不良行为;提高警惕,防止卖场货品丢失,维护卖场正常的营业秩序。

(三)卖场形象维护

营业期间要随时检查并清理卖场,保持货品、货架以及卖场场地的清洁,做好整理工作;随时检查陈列情况,整理货架上的物品,及时补足货品。另外,所有店面人员都要熟悉当天服装商品的调价以及营业活动的具体内容,做好新品、特卖品及各种宣传标志的放置,补足手提袋及包装物品。

(四)团队氛围

值得注意的是,店内人员的团结对店面的整体的销售有着重要的影响,轻者导致个人业绩和整体店面业绩下降,重者会导致店面的工作纪律松散,因此店长要注意调解店员之间的矛盾和纠纷,避免影响业绩的现象发生。

二、营业中的服务流程

(一)问候

和顾客接触的第一步是考虑如何用亲切的招呼来表达对顾客欢迎和友好的态度。

1. 目光方面

面对进店或有意识进店的顾客,导购应以目光接触,微笑表示欢迎,并主动为顾客拉开店门,做“请”的手势欢迎顾客。任何导购面对身边的客人(即使不是自己接待的顾客)均应点头微笑,保持目光接触,充分表达对顾客的真诚欢迎。

2. 用语方面

注意招呼的语气要温和,音量清晰地向客人打招呼,尽可能使用时间性或节日性的问候方式,如:“先生,早上好!”“中秋快乐!”少用过去惯用的:“欢迎光临”,避免给顾客造成压力,引起不良的购物情绪。

3. 服务姿态方面

不要急着询问顾客，与顾客保持适当的距离，给予足够的活动空间，不给其制造压力，同时留意顾客的需求及反应。如看见顾客拿着很多东西，要主动提出帮助，可能的话替顾客将东西放在就近或适当的地方，但尽量不帮顾客寄存随身的手提包并作委婉说明。

（二）探询需求

1. 顾客行为分析

要想为顾客推荐其想要且适合的服装商品，前提工作是要认真分析顾客的类型，留意顾客的需求。当顾客有以下主动时，是导购接触顾客的最佳时间，导购应主动发问并聆听顾客的回答。

（1）顾客突然在某件衣服前停下或对服装商品重复观看。

导购主动发言如："这是店面刚到的新款，挺漂亮的，不是吗"，"您是自己穿还是帮别人选购呢？"

（2）用手触摸服装商品。

导购主动发言如："这款衣服含有意大利莱卡纤维，伸缩性很好"。

（3）四处张望像寻找的样子或示意导购员。

导购主动发言如："有什么可以帮助您吗"，"您需要哪一类款式的服装呢，我可以帮助您"。

（4）将衣服放在身上的效果。

导购主动发言如："您穿多大码的呢，让我拿给您试一下"，"您可以试穿看看效果"，"像您的年龄穿这种颜色显得大方稳重"。

（5）与同伴讨论商品时。

导购主动发言如："您们的眼光真不错，这是今年最流行的面料"。

（6）顾客与同伴商讨时。

导购主动发言如："您好！您是喜欢哪一个款式的衣服呢？"

2. 耐心聆听顾客的需求

导购要根据顾客类型引导其发言，目的是了解其心里所想，挖掘其购买动机，因而导购需要耐心聆听顾客以及他身边朋友的每一句回答，同时加以分析判断，总结顾客的需求是什么。

3. 货品推荐

根据顾客类型，简略介绍货品的特性、优点、好处及独特销售点（即商品的 FAB），如：商品特性、款式、面料、搭配、设计风格、优点、好处等。

（1）正面展示所介绍的商品，鼓励顾客触摸。

（2）与顾客保持恰当的距离。客人浏览货品时，身体面向顾客，与顾客保持距离至少为1.5m，以能看到顾客并能及时上前服务为适宜。另外，导购可分区服务顾客，避免给顾客留下被紧盯的感觉。

（3）信息的准确把握。探询顾客需求时要特别注意，先弄清楚使用者、穿着场合（办公、酒会、外出郊游等）等，问清楚以后才可诚意推荐。

（三）诚意推介

诚意推荐即真诚的推荐和准确的介绍，其重要的前提是前面说到的探询需求。要把这一步做好，需要导购人员对商品知识充分了解，每件衣服的特性、优点以及可能带给顾客的好处都必须清楚，这样的推介才具有说服力。要注意的是，导购介绍的特点不可太多，顾客最多能吸收六条信息，同时也不可太过积极，要留给顾客消化信息的时间。

另外，需要导购具有专业的判断能力，能察言观色，尽力挖掘顾客的兴趣点，考虑“这件衣服是否真的适合他（她）穿”，不可盲目推介。

在询问时，可以采用“二选一”法来询问顾客，增加购买概率，如询问：“您是喜欢红色还是蓝色”，避免直接单一的询问。遇到尴尬局面时可用幽默的语气打破，保持轻松气氛。

（四）鼓励试穿

绝大多数顾客在决定购买衣服前都是要经过试穿的，试穿不仅可以减少退、换货及投诉的次数，也可以提高顾客的购买欲望，是顾客的权利，导购可以注意以下方面的细节。

在鼓励试穿的同时就可以做销货组合了（试上拿下，试下拿上、试内拿外、试外拿里），在引领顾客去试衣间时，尽量给顾客多拿一些服装去试。首先复述顾客所需货物的款式及尺寸，记下顾客所试穿的件数；然后取下衣架，解开试穿衣物的钮扣，拉开拉链；之后先敲门，再把试穿的衣物挂在试衣间内，请顾客进入，注意提醒顾客保管好自己的贵重物品。

顾客在试穿衣物时，导购应在试衣间门外等候，并询问尺码是否合适，同时还可做好其他搭配，如若不合适，还可以推荐顾客试穿其他的款式。注意，在顾客走出试衣间的头20秒是非常重要的时刻，顾客走出试衣间时，首先赞美（发自内心，不奉承，注意语言艺术），同时赶快上前协助，帮他拉上拉链、扣上扣子、挽好裤脚、扶正衣领；随后，领着顾客来到试衣镜前，再次赞美他在着装后是多么与众不同，告诉他为什么此刻显得如此特别，为什么这套衣服适合他。

有一些导购技巧要注意，若顾客拿不定主意，可以征求店内其他顾客的看法。鉴于通常人的心理，往往会予以配合，得到肯定的回答。在顾客同时对几件衣服满意而只挑一件衣服时，最好拿店内全码的衣服。

另外，导购若有事要离开，应将接待的顾客转交其他同事，交代衣服件数，各员工应相互协助，以免商品流失，在顾客试穿后核对货品件数（心中默算）。

还需要注意的是，为给顾客提供更加优质的服务，增强其对店面的好印象，导购应视具体情况，主动向顾客提出修改服务，如告之如果裤长不合适店面可免费提供修改服务。

（五）销货组合

销货组合的目的是帮助顾客进行最好的搭配，顾客买的单一物品如果搭配不当的话，将会降低衣服本身的档次，所以销货组合本质是为顾客搭配的同时提高交易效益比。导购员应以顾客需求为导向，并配合公司阶段性推广品项，推荐当季商品，使顾客充分满足消费需求，并由此提高平均消费单价。为了提升销货组合的能力，导购员应不断提升语言组织、举止行为、商品专业知识、临场消费判断、顾客应对技巧、顾客关系、互动能力等各项个人素质要求，努力提升销售能力。

（六）收银服务

成功的货品引荐之后是收银服务，收银服务并不代表销售活动的结束，此时的服务态度和专业度同样重要，甚至会影响到顾客是否愿意再次光顾店面。

接待的导购员应使用要邀请式的手势邀请顾客到收银台付款，收银员接待收银顾客应给予目光接触及保持微笑，向顾客清楚交代收款或找零数目，做到“唱收唱付”，并与客人核对。同时，要认真开出销售小票，确保内容准确无误，向顾客正确交代单据事宜，说明服装洗涤方法和保养要点，并重视货品的包装。

收银服务的同时还有另外一件工作可以去做，就是顾客资料的收集。在收银过程中，收银员可礼貌地请顾客留下详细的顾客资料，并主动替其填写，包括：姓名、电话、E-mail、地址、日期等。

最后，礼貌道别，向每一位离开的顾客说：“多谢，欢迎下次再来”（注：在店面门口附近的导购人员，必须向顾客礼貌道别）。

（七）顾客记录

如何发展更多的老顾客是店面一直研究的问题，老顾客的培养，除了购物时要做到的周到服务外，还需要做好顾客资料的记录。尽可能地请顾客留下资料，说明资料卡将会对顾客带来的种种好处，如可以参加购物积分、可以接受到新货讯息等。

（八）联系服务

顾客联系工作的本质是让顾客对店面建立长期的消费依赖关系。

三、顾客投诉的处理

（一）平息顾客投诉的重要性

没有哪一家店面希望接到顾客的投诉，但在实际的销售服务过程中，这样的事情总是没办法避免的。听顾客抱怨，绝不是一件乐事，甚至会让导购感觉头痛不已，因此，经常有导购员视抱怨为麻烦，一味地敷衍、逃避或搪塞，以至于店面终为顾客所弃而不知。其实，平息顾客的抱怨是非常重要的。

所有店员首先应该正确认识顾客的投诉，不能因此而把投诉的顾客看做是“麻烦”的人，顾客能够提出投诉，说明对店面服务还存在信任和期望。据调查显示，平均25个不满的顾客中，只有1人会去投诉，其他的24人可能就不会再购买该店面的商品了，店面也就丢失了很大的市场。而且，一个顾客投诉不等于只使一个顾客不满，他们认为店面该处理的问题没有得到妥善的解释或处理，消极的情绪会传达给其身边的人群，从而引起更多顾客不满或是更多的负面印象。

从另外一个角度来分析，获得一个新顾客所需的成本比维系一个老顾客多出四倍以上，当投诉得到满意处理的顾客会再次光顾，并与其亲朋好友分享经历，成为长期而忠诚的顾客群体。因此，投诉事件处理是否得当，直接关系到店面的长远发展和现实经济效益。

（二）分析顾客投诉产生的原因

顾客的抱怨甚至是投诉暴露了店面服务中的问题，面对问题要发现问题根源，探询解决方法。一般顾客的投诉最主要来自以下几方面。

（1）商品的质量问题。

（2）服务不当。

（三）顾客投诉处理的原则

顾客投诉时，总是希望受到认真的对待，希望立即见到行动，希望获得补偿，希望得到店面感激的态度，因此，在处理投诉时的总原则就是：诚意接待、提高重视、主动承担责任、妥善处理、快速解决。

另外，为减少商品方面的投诉，在每件商品售出以前，导购要协助认真检查，避免将存在质量问题的商品送到顾客手中。

（四）顾客投诉的处理

（1）以诚意的态度接待。

（2）听取意见，抓住投诉重点。

（3）提供解决方案。

（4）尽量迅速解决，保证及时跟进。

（5）重视总结。

（五）投诉处理注意事项

（1）受理人应在接到投诉后12小时内分析、确认投诉内容。

（2）需上报顾客服务部门的投诉须在接到投诉后12小时内上报。

（3）对不了解的内容，需通过各种途径了解清楚，切勿根据个人主观判断。

（4）须在接到顾客投诉后12小时内与顾客沟通。

（5）在沟通过程中应避免发生争执。

（6）必须在承诺时间内完成服装处理。

（7）必须在处理完成后24小时内向顾客了解对处理结果的满意程度。

（8）如顾客提出的要求太过分，可用委婉的方式明确告诉顾客公司处理同类问题所能提供的上、下限范围。

（9）对于明显不合理的顾客投诉和要求，要坚持公司规定和相关国家法律法规且不畏惧不合理的要求。

第三节　营业后的管理

一、营业结束的整理工作

营业后的管理主要是对店面内部的一个整理以及对当日工作的总结，具体的工作通常包括以下这些内容。

（一）热情送走最后一位顾客

每一个店面都有相关的制度明确营业时间，但是很多时候在店面准备结束营业时，可能仍然有顾客在挑选货品，遇到这种情况，店员当然不能因此而立即停止营业，告诉顾客“营业时间已经到了”“我们要下班了”等。正确的处理方法是不催促，始终以耐心的态度，热情送走最后一位顾客，如果时间确实已经太晚，则可委婉地说明，请顾客改日再来，并表示歉意。

（二）整理工作

营业结束后的整理工作不单是店员应有的职责，更重要的意义在于通过理顺销售数据、货品、陈列等项目，对当日的营业活动做出分析总结，做到对工作成果的充分理解，便于每位成员思考更加合理的工作方法，不断促成店面以及店员的提升和发展，同时为明日营业活动的开展奠定一定的基础，提供一些帮助。具体的事宜包括如下几个方面：

（1）整理各类发票、销售小票及当日促销物品。

（2）由店长或安排的分管人员做好进、销、存账目管理。

（3）与营业前的方法相同，在店面营业结束后，全体店员需要对货品进行仔细的盘点，做到账、物相符。

（4）店长需根据货品销售情况，结合店面实际存货状况，填写当日补货单，核对当日营业报表，传送给公司或店面经营者。

（5）做好交接班工作。

（6）整理好环境卫生。

二、晚会

大部分的店面在营业结束后会召开晚会（班后会），对当日销售情况做一个简短总结，也有店面将此部分内容放在第二日的早会一并进行，是否执行晚会可视店面实际的情况而决定。

在时间把控方面，晚会的时间也不能太长，否则起不到积极的作用。晚会的流程是这样的：

（1）全体成员围成圆形站立。

（2）晚会开始。

（3）互动问好。

（4）由店长或店员轮流主持进行晚会。

会议的重点是对当日指标完成情况的分享，让每位店员都清晰地知道今天的营业指标有没有完成，并做一个当日工作的总结。未达标则找原因，激发大家思考工作改善的方法；达标甚至超额又是何原因，是因为大家的努力还是仅仅因为今天有特殊情况促成了销售业绩；今天是否有顾客投诉发生，目前的解决方法是否恰当等。但是不管营业工作的结果如何，店长都不要忘记激励、鼓舞，不断激发大家的斗志。最后以鼓励的语言或方式（例如前面提到的“爱的鼓励”）结束晚会，互道晚安。

三、离店前的安全工作

在班后会结束以后，店员更换工服、工鞋，由店长监督相互检查手袋（视实际情况决定形式），店员相互签退离店，之后店长（或当日的指定人员）应关闭照明设备及所有电器开关，保证店面的安全。

课后思考题

1. 每天开店前的准备工作有哪些？
2. 进行例会的必要性及其例会的大致内容是什么？
3. 营业中的主要工作是什么？应该注意什么？
4. 营业中服务的重点是什么？怎样的服务方式是不会影响顾客的购买情绪的？
5. 营业中对于客户的投诉要进行怎样的处理？什么样的处理方式最为妥善？
6. 营业结束后要进行哪些工作？
7. 一天的营业结束后怎样确保休息时段的安全防御？

第十章 服装店的人力资源管理

第一节　服装店的人员结构

一、服装店的人力资源结构规划

在现代企业人力资源管理的理念影响之下，我们可以用企业人力资源管理的方式管理服装店，尽管两者从性质、规模、结构构成等方面有很多区别，但现代企业人力资源管理的理念能够帮助从业者更好的管理服装店，使服装店的日常管理更加规范，进而提高服装店的经营业绩。

在对服装店进行人力资源管理时，首先要考虑的是人力资源规划的问题。企业人力资源规划包括三方面：人力资源数量规划、人力资源质量规划和人力资源结构规划。人力资源数量规划通常又称为定编，目的是确定企业目前有多少人，以及企业未来需要多少人；人力资源质量规划通常又称为能力模型和任职要求规划，是为了确定企业目前的人员需具备怎样的能力，有怎样的任职要求，未来需要什么样的人；人力资源结构规划又称为层级规划，是为了确定企业目前的分层分级结构，以及未来合理的分层分级结构。在数量规划、质量规划和结构规划这三者中，人力资源结构规划是关键，它是数量规划和质量规划的前提和基础。

在对服装店进行人员结构规划时，我们可以把规划工作分成以下两个步骤：

第一，通过对工作进行分层从而达到对职位进行分层的目的。我们可以把服装店的工作分为管理类工作和执行类工作，因此，其职位也分为管理类和执行类。

第二，根据工作和职位分层模型对服装店的人员结构进行确定。在服装店中，管理类工作通常由驻店的店长来完成，他们要负责服装店的日常销售与人员管理工作，有时需要作出管理上的决策；执行类工作通常由收银员、库管员和店员来完成，他们要负责日常的收银工作、销售记录管理工作、库存管理工作和日常的销售、接待顾客和整理店面等工作，和店长相比，他们的工作更具体、执行性更强。

在这里要说明的是，尽管我们把收银员、库管员和店员都划归为执行类工作者，但他们所负责的工作本身也有性质上的区别。三者相比较而言，收银员和库管员因为要负责销售记录管理和库存管理的工作，因此，他们的职位与服装店的发展有着更加深刻与密切的关系，虽然店员的工作也很重要，但和前两者相比，他们的工作更加琐碎和基础。

二、服装店的人员结构图

如果以店面类型作为划分标准，我们可以从宏观上把现有的服装店划分为店中店和独立店两种类型。服装店中店多开设在大型商场或购物中心内部，它们租赁大型商场的营业区，依托大型商场巨大的客流量，通常都是某一种品牌的专卖店。独立店则指的是不依托于其他商业机构而独立存在、独立经营的服装店，它们既可以是某一品牌的专卖店，也可以是个体性质的服装店。

由于店中店存在于大型商场内部,受到商场整体规划等因素的限制,它们的面积通常小于独立店。在这里,我们很难给出它们确切的面积与人员人数,只能给出数量上大致的范围区间,但是,它们在人员构成上符合我们上面所讲到的服装店人员结构规划的规律。店中店的营业面积通常在 30 ~ 100m^2,设店长 1 名,店员 3 ~ 5 名,收银员 1 名(通常为商场职员派驻,见图 122)。

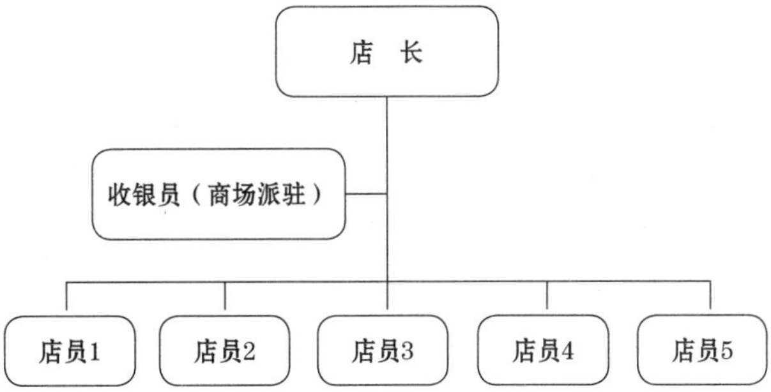

图 122　服装店中店的人员结构图

独立店是指位于城市主要商业区,金融区或办公区的服装店,营业面积通常在 100 ~ 200m^2,通常设店长 1 名,店员 5 ~ 10 名,收银员 1 名,库管员 1 名(见图 123)。

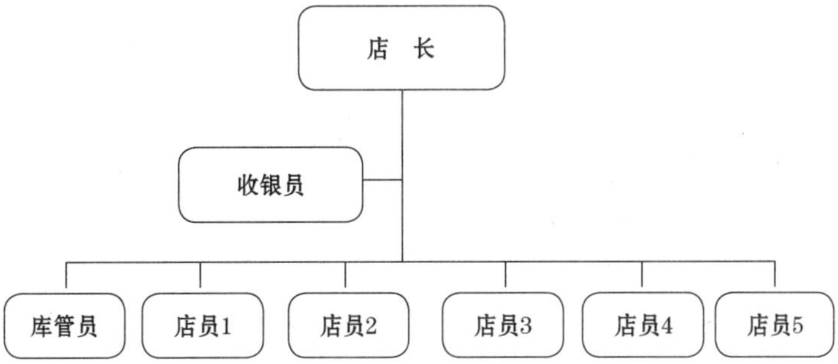

图 123　独立服装店的人员结构图

第二节　员工的聘用

服装店的经营业绩很大程度上取决于员工的素质与工作表现。一些店铺往往重视营销方案,但却因为忽视了店员管理,在零售方案实施的过程中并不能达到预期的效果。所以说,员工是服装店的根本。

在销售过程中,店员在推销商品、提供服务、宣传零售店形象等方面发挥着重要作用。在选择店员时应着重考核外表形象、沟通能力、一般知识与专业知识、对工作的忠诚度等方面。

一、对店员的应聘要求

当服装零售店收到了应聘人员的个人材料之后，通常要选择一定的测试方法，包括笔试和面试。笔试的目的是测试应聘人员的知识水平与一般能力（如感知、记忆、思维、想象、语言、概括、创造等），面试的主要目的是测试应聘人员的应聘动机、个人品质（如精神面貌、仪表、性格、诚实性、价值观等）及从事零售工作的专业能力（如待人接物的能力、观察能力等）。

每天与形形色色的顾客打交道是店员工作的基本特点，店员必须有充沛的精力、良好的人际互动能力与高尚的职业道德，才能向顾客提供满意的服务。因此在选聘店员时，需要考察应聘人员以下几个方面的素质：

身体素质

为了配合零售店的形象及产品组合特点，对店员的体型、身高、年龄、性别等方面应该有特别要求。

个性

主要从应聘人员的一般能力、气质、性格等方面进行考察。对店员的基本要求应包括：好学上进、思维灵活、观察能力强、沟通能力强、动作敏捷、热情大方、性格开朗、为人诚实、工作细心。

工作能力

对工作能力的考察可从教育水平、商品专业知识、零售服务技能、工作经历等方面进行。

二、资料审核与面试

对应聘人员的考察和挑选可以分为如下两种方式：

1. 资料审核

资料审核就是审查其履历表，包括其学历、经历、专长、个人背景等各项资料，先过滤不适合者，再安排初审合格者面试。虽然这样做会将程序拉长，但因为先淘汰部分不适合的人，反而可以节省时间。

2. 面试

面试与审核履历资料的不同之处在于它可以进行双向互动。

三、录用

招聘工作负责人在完成面试工作之后，准备决定录用适当人选时应考虑的要素有：

避免个人主观意识影响录用决定；

应聘者真正的工作能力、态度、期望薪资及就职意愿；

各项评比要能够量化，以便比较优劣；

决定适当的录取人选顺序，要有备取人选；

如果应聘者皆未达到最低标准，也不可将就，宁缺勿滥；

如果应聘者条件高出录用标准太多，要考虑是否恰当；

书面通知未录取者，感谢其参与应聘；

在决定录用人选后，要尽早通知录取者，以免其他公司捷足先登；

录取者用电话通知，不录取者用信函通知。

第三节 服装店店长的基本工作职责与权利

如果说服装店这个零售终端是现在市场竞争的核心，那么店长则是这个核心的领导者。店长的工作能力及领导能力，直接影响整个零售店的业绩，要提高单店销售量，就必须从店长管理入手。

由于店长要对服装店的营业额与利润指标负责，因此，店长必须站在经营者的立场上，综合性地、科学性地分析现状，计划今后的营运方针并执行。为了有效地执行店长职务，对于商品管理、销售管理、顾客管理、人事管理等，均须具备管理能力、判断力、企划力、执行力、指导力等，而且店长本身的人品、性格也是职务执行中的重要因素。

一、店长的主要职责

店长主要的职责包括：全面负责店面管理及运作；制定年度、季节、每月经营计划和行动计划；准确、及时、清晰地传达、执行上级指示；负责与地区总部及其他业务部门的联系沟通；安排员工工作、督导员工销售技巧；顾客消费动向的分析与汇报；顾客投诉处理；进行库存管理，保证充足的货品、准确的存货及订单的及时发放；保障营运安全、严格清洁、防火、防盗的日常管理和设备的日常维修及保养。当然还有一些辅助性的工作：财务记账、文件的整理、空间的运用等，每天结束营业时真实地填写店长日志（见表1）。

二、店长的权利范围

正确恰当地履行自己的权利才能有效管理好店面。这里主要指店长合理行使日常管理的两大职责。

1. 在人事方面的权利

（1）有权利参与营业人员的招聘、录用的初选。

（2）有对员工给予奖励和处罚的权利。

（3）有权利根据员工表现提出调动、晋升、降级、辞退的意见。

（4）有权利对员工的日常工作表现进行检查和评定。

（5）有权利对店内的突发事件进行裁决。

2. 在货品方面的权利

（1）有权利对公司的配货提出意见和建议。

（2）有权利拒收有质量问题的货品。

（3）对店内的货品调配有决定权。

表1 店长日志

店　　　年　　　月　　　日　　　　　　　　　　　　　天气：　　　　店长：

<table>
<tr><td rowspan="4">目标营业量</td><td>本月目标量</td><td></td><td colspan="2">编制人数</td><td colspan="4">正职：　人　临时：　人</td></tr>
<tr><td>本周目标量</td><td></td><td rowspan="3">人员出勤</td><td colspan="2">应　到</td><td>人</td><td>实到</td><td>人</td></tr>
<tr><td>本日营业量</td><td></td><td rowspan="2">请休假</td><td>请假人</td><td colspan="3">假别</td></tr>
<tr><td>目前达成累计</td><td></td><td></td><td colspan="3">病假 □ 事假 □ 公假 □</td></tr>
<tr><td>项目</td><td colspan="8">问题反应及建议</td></tr>
<tr><td>人员</td><td colspan="8" rowspan="8"></td></tr>
<tr><td>顾客</td></tr>
<tr><td>商品</td></tr>
<tr><td>营业</td></tr>
<tr><td>收银</td></tr>
<tr><td>建议</td></tr>
<tr><td>申请</td></tr>
<tr><td>信息</td></tr>
</table>

<table>
<tr><td rowspan="6">本日销售情况</td><td>品名及规格</td><td>销售单价</td><td>数量</td><td>备注</td><td>电子串号</td></tr>
<tr><td></td><td></td><td></td><td></td><td rowspan="4"></td></tr>
<tr><td></td><td></td><td></td><td></td></tr>
<tr><td></td><td></td><td></td><td></td></tr>
<tr><td></td><td></td><td></td><td></td></tr>
<tr><td></td><td colspan="4">营业额合计：</td></tr>
<tr><td colspan="6">备注：1. 填写人由店长负责，每日打烊前填妥。
2. 本表由门店保存3个月。</td></tr>
</table>

三、店长应该具备的能力

作为一店之长,为了胜任上面提到的众多工作职责,应该具备以下这些基本能力:

(1)专业的沟通能力。作为服务行业的管理者,服装店的店长在日常工作中经常要与他人进行有效的交谈,无论是与员工沟通、与上级沟通,还是接受顾客的投诉,都要求店长具备专业的沟通能力,才能够处理好方方面面的关系,使得服装店的日常经营工作平稳有序的展开。

(2)教育指导能力。依照既定的原则,在销售方法、步骤和技术上对员工进行指导,使员工充分的应用并完成本职工作,如果经理发现员工能力不足,应该帮助员工成长并提升其能力。拓展视野,使员工能力发挥到最大的程度。

(3)敏锐的洞察力。店长要洞察员工的心态、心情,发现问题要及时解决;同时要洞察顾客的消费心理,尽可能避免顾客流失,同时也要密切洞察市场各种信息,关注竞争对手的各种变化,制定相应的策略。

(4)出色的专业能力。和以上所讲的个人综合能力相比,服装领域的专业能力对于店长来说同样十分重要,这既包括对服装店内销售业务、人员、货品管理业务的了解,也包括对服装陈列、销售数据管理等与服装店高度相关的专业知识的掌握。

第四节 服装店店员的基本工作职责与规范

店员不是简单地销售商品,店员在接待顾客、销售商品、管理商品的同时要给顾客带来精神上的舒适和美的享受。更进一步说,店员给顾客提供的满意服务是品牌形象和信誉的重要组成部分。

一、店员的基本工作职责

我们这里所说的店员,主要是指服装店内除了充当管理者的店长和承担专门业务的收银员与库管员之外的店员的总称,主要是指服装店里的导购人员。他们的基本工作职责包含以下几个方面:

(1)店员对商品要做到四个熟悉,分别是熟悉所辖商品的名称、陈列位置、价格、库存位置;很多时候,当消费者问到导购人员有关商品的信息时,导购人员经常出现不熟悉或不准确的情况,这些都可能使得消费者对店员的专业能力产生质疑,进而对店面形象产生负面影响。

(2)掌握商品陈列原则及方法,正确进行商品陈列。虽然陈列设计等专业陈列工作是由陈列师来完成的,但是陈列师数量非常少,他们不可能兼顾到每家卖场,因此,目前惯用的方式是由品牌的陈列师做好本品牌的陈列设计,然后将他们陈列操作的过程用照片和视频的方式记录下来,送达各个卖场,最后由店员依照照片和视频里的指导来进行店面陈列。这就要求店员具备一定的陈列知识和经验,同时也要求服装店应定期对员工进行服装陈列方面的培训。

（3）及时将被顾客翻乱、错位的商品归放清楚，保证陈列面的整齐、丰满，这一工作即我们平时所说的“理货”。服装店里客流量很大，顾客在浏览商品过程中不可避免的要试穿，或拿取服装，如果不及时理货，则会使整个服装店显得杂乱、无序。

（4）做好对商品的导购及促销工作。

（5）及时报告商品缺货情况，以便管理者及时补货。对于服装销售来说，商品缺货的情况通常是由处在销售第一线的店员发现的，因此，店员有义务在发现商品缺货现象时及时上报管理者，以保证服装店货源充足。

二、店员的岗位职责

一般来说，店员的岗位职责分为“相对于顾客的职责”和“相对于服装店的职责”两部分。

（一）相对于顾客的职责

作为一名店员，最重要的职责是帮助顾客，询问顾客对商品的兴趣爱好，果断促成并进而达到成交的目的。我们通常可以从如下几个方面来帮助顾客：

（1）积极向顾客介绍产品特点。店员对产品越熟悉则顾客对服装店的专业程度就越信任，因此店员要积极、熟练地向顾客介绍店内产品特点。

（2）向顾客说明买到此商品后将会给他带来的利益。店员需要通过跟顾客的交流，了解顾客的核心利益点，投其所好地推介商品。

（3）回答顾客对商品提出的疑问。很多顾客会根据店员的回答情况来判断服装店的专业程度。

（4）说服顾客下决心购买此商品。

（5）向顾客推荐别的商品和服务项目。

一个好的店员能向顾客提供很多有用的信息，出许多好的主意，提出许多好的建议，并能够帮助顾客选择中意的产品。

（二）相对于服装店的职责

（1）宣传品牌

品牌的建立就是为了给顾客省时间——他可以借品牌来迅速判定品质和档次。但品牌的建立是要一线导购来促成的。所以，店员不仅要向顾客销售产品，更是销售产品背后的品牌。为此，店员要做好以下工作：

① 通过在卖场与消费者的交流，向消费者宣传本品牌产品和服装店的形象，提高品牌知名度，要求店员尽可能多地介绍品牌的具体情况；

② 在卖场派发本品牌的各种宣传资料和促销品，这要求店面的广告宣传工作必须要配合到位。

（2）产品销售

利用各种销售和服务技巧，提高消费者的购买欲望，实现更多的销售。

（3）产品陈列

店员要做好商品陈列和维护工作，保持商品与促销品的整洁和标准化陈列。

（4）收集信息

店员要利用直接在卖场和顾客、商品打交道的有利条件，多方面收集并向领导反馈信息。该工作具体分为：

① 收集顾客对商品的期望和建议，及时妥善地处理顾客异议，并及时汇报，其中，店员对顾客对服装商品的建议的收集与汇报有助于服装产品在设计和生产环节中的改进。

② 收集竞争对手的商品、价格和市场活动等信息，及时汇报，这种信息收集主要是通过与顾客的交流来进行的，顾客在购物时，同一时间要去到很多家服装店，因此通过与顾客的交流能够收集到相关信息。

③ 收集顾客对卖场的要求和建议，有助于店面形象与服务的不断完善。

三、店员应该具备的能力

一般服装店的营业员担任着直接商品销售的主要工作，可以说，他们是店铺的顶梁柱，其能力的高低将直接影响店铺赢利的大小。因此，一定要对店员能力进行有效的开发。

在培养店员能力时，必须考虑下述的重点：

（1）身为店员应该了解如何去引导顾客产生购买欲望，如何用感激的心情欢迎顾客的光临，以及如何以真诚的态度来接待顾客等。此外，对自己在整个销售过程中所扮演的角色和重要性，也必须有所了解。

店员应该通过询问、语言交流等方式了解顾客的"根本利益需求"。这里所说的"根本利益需求"指的是顾客购买某件服装时对服装在功能上的根本要求。例如顾客购买服装是出于职业考虑，那么他的根本利益需求就是"正式、严肃、稳重"；如果顾客购买服装是为了出席活动，那么他的根本利益需求就是"庄重、得体"； 如果顾客购买服装是为了日常穿着，那么他的根本利益需求就是"舒适、个性化"。

（2）理想的销售人员应具备交流（言谈应对）、仪表（服装、化妆、穿着等）、应变（能够灵活应对顾客的需求）等能力。如店员通过交流让顾客从专业角度产生信赖感，根据顾客的临时变化随机应变，还要应该注意自己的仪表。因为是从事服装销售的行业，如果自己的穿着不得体，则会给顾客留下不好的印象。

（3）店员要对自己负责的商品系列做到烂熟于心，这就要求他们具备良好的记忆力，要对每个品目的商品特性、用途、价格、规格、库存情况做到及时掌握。

第五节 员工培训

一、员工培训

由于服装零售店的规模不同，对培训的需要也不尽相同。小的服装零售店比较重视工作培训，而大的服装零售店一般具有针对各个层级员工的全面培训计划。培训的方式比较多，培训对象也很广泛。培训过程包括以下几个方面：

（一）确定培训目标

培训目标大致可分为以下几类：

1. 服务技能培训

培训目标是帮助员工按照规范统一的服务准则为顾客提供各种服务，提升员工与顾客之间的人际互动能力。培训的内容主要是零售店的服务规范或准则，如迎送顾客、观察顾客，与顾客交谈、应付顾客投诉等。

2. 商品知识与管理培训

培训目标是帮助员工了解商品组合的特点，各种产品的基本属性、主要卖点、使用方法、注意事项，如商品的洗涤、熨烫应注意的事项等，是一种经常性的培训工作。通过商品知识培训，更新店员的商品知识，提高店员的推销能力及服务水平（表2）。

表2　服装商品基本知识框架

类　别	内　容	要　点
产　品	面辅料	面辅料种类、工艺特点、原料成分、比例、色名、花色特点
	款式	款式类型、名称、特点、造型特点、细节处理
	功能	功能特点、适用范围、功能表现、满足程度
	规格	产品规格、号型标准、适用范围
	特性	新面料、新工艺、新功能、新品类、新品种
	性价比	产品档次、价格级别、实物价值、附加价值
使　用	T. P. O	适用时间、地点、场合、注意事项
	搭配	穿着要领、配套原则、发型、化妆、首饰
保　养	洗涤熨烫	洗涤方法、色牢度、缩水率、晾晒方式、熨烫要领
	存放	存放形式、防蛀、防潮、通风、晾晒
文　化	流行程度	流行元素、前卫、流行、中庸、过时、保守
	审美形态	审美角度、形体特征、材料、造型、装饰、艺术特点
	风格特点	风格属性、风格元素、典型性
	象征性	职业、身份、性格、情绪、观念
穿着评价	适合程度	合身度、美感、整体形象、穿着目的

3. 店务作业技能培训

培训目标是帮助员工按照规范统一的动作开展店务作业，创造富有生机的卖场氛围。培训的内容主要是店务作业规范，如商品陈列、整理、包装、票据处理等。

4. 思想观念培训

培训目标是帮助员工树立正确的工作态度、主人翁意识和人生价值观念,培养员工的责任感、团队意识等。

5. 综合素质培训

培训目标是提高员工的综合素质,为员工提供发展机会,丰富员工生活。培训内容较广泛,需对员工进行全方位的培训而不仅是针对工作本身的培训。

(二)制定员工培训方案

服装零售店可根据培训的目标及内容,选择恰当的培训方法。对零售人员培训常用的方法包括以下几种:

1. 教授培训法

这种培训方法是由专门的培训教师通过理论教学,让店员掌握专业理论知识,比如消费心理、职业道德、商品知识、服务规范、作业规范等。这种培训工作可请学校教师或企业管理咨询机构来组织。

2. 相互学习提高法

这种培训方法要求店员在日常工作中,能相互学习与交流,扬长避短,提高店员的整体服务水平,从而提高零售业绩。这种培训工作可由零售店管理人员组织,在日常工作中进行,不必专门组织时间进行培训。

3. 实例分析法

这种培训方法通常是利用拍摄手段,将店员一天的工作记录下来,然后让店员观看,发现不足的地方,并提出改善的措施。这种方法能让受训人员主动思考,寻找问题及答案,从而有效提高受训者发现问题及解决问题的能力。

4. 会议法

这是零售店管理人员培训的一种常规技巧,店长可以利用一些日常销售会议及参观访问活动等对店员进行培训,这种培训方法比较经济,也有利于培养团队精神。

(三)评价培训效果

当一个培训项目完成之后,要对培训的效果进行检测与反馈。对培训效果的检测可以从受训者对培训项目的反应、受训者对培训内容的掌握程度、受训者接受培训之后工作表现的改善程度、受训者接受培训之后销售业绩或服务水平的提升程度等四个方面进行评价。

第六节　服装店的绩效管理

一、绩效管理

员工管理中最核心的部分是绩效管理。只有通过绩效管理的有效实施,才能真正把开店的目标与员工的价值创造结合起来。绩效管理与传统意义上的考核的关键区别在于：绩效管理的主要目标是改进与提升绩效，而绩效考核是绩效管理中的一个环节。

绩效管理的主要目的是发现问题，找到改进点，形成绩效的改进计划与个人发展计划。绩效管理的每一步都是围绕这个目的开展的。

达成绩效管理的目标需要全员的参与、长期的坚持，但是并不意味着绩效管理是复杂的。实际上，绩效管理作为有效的管理工具，恰恰是要将复杂的工作简单化、程序化。可以用"目标沟通"来涵盖它：通过目标的制定，把管理者的要求、希望改进提升的等方面清晰地传递给员工，并通过沟通达成双向承诺。

绩效管理是管理者必须要做的工作，决不是一项"额外任务"，它的结果能够客观反映管理者的管理水平。因此，管理者需要遵循既定原则，发挥主观能动性，把工作做得更好。所谓原则即是不变的，是无论在何种情况、何种状态下都要严格遵循的规则。在绩效管理中，有三条原则需要注意：

（1）公正、公平、公开；

（2）目标制定由上而下，完成目标的过程由下而上；

（3）沟通、沟通、再沟通。

为了贯彻这三个原则，需要经过四个环节，缺一不可：

第一，绩效计划——关于设定绩效目标的沟通

绩效管理是服务于整个服装店利润的，所以，首先要明确服装店经营的目标与任务是什么，只有目标确立了，管理者才清楚怎样进行有效管理，员工才明白怎样做才是符合管理者的要求。这是管理者和员工对话的一个重要内容。

确立绩效目标就是将需要员工做什么、改进什么、朝哪个方向努力的相关要求转化为相应的指标。同时要注意指标不仅是关注结果（产出），也关注流程（过程）；不仅关注收益增长，也关注潜力增长。指标确定可从以下几个方面考虑：

（1）来源于职位应承担的责任；

（2）来源于部门总目标，体现出该职位对总目标的贡献；

（3）来源于业务流程最终目标，体现出该职位对流程终点的支持。

第二，绩效辅导——关于业绩辅导的沟通

绩效目标设定以后，管理者的主要工作就是辅导和帮助员工提高业绩操作能力，以实现绩效目标。业绩辅导是绩效管理的一个关键环节，它贯穿于绩效管理过程的始终。

业绩辅导过程中，管理者需要做的工作有：

（1）了解员工的工作进展情况；

（2）了解员工所遇到的障碍；

（3）帮助员工清除工作的障碍；

（4）提供员工所需要的培训；

（5）将员工的工作表现反馈给员工，包括正面的和负面的。

绩效沟通时，管理者可采取以下方式：

（1）每月或每周同每名员工进行一次简短的情况通气会；

（2）定期召开例会，让每位员工汇报他完成任务和工作的情况；

（3）收集和记录员工行为或结果的关键事件或数据。

非正式的沟通：

当出现问题，根据员工的要求进行专门的沟通。沟通包括正面的沟通和负面的沟通。在员工表现优秀的时候及时给予表扬和鼓励，以扩大正面行为所带来的积极影响，强化员工的积极表现，给员工一个认可工作的机会。在员工表现不佳的时候，也应真诚地予以指出，以提醒员工改正和调整。这个时候，管理者不能假设员工自己知道而一味姑息，一味不管不问，不管不问的最终结果只能是害了员工。

需要注意的是，沟通需要贯穿于绩效管理的始终，需要持续不断地进行。因此，业绩辅导也要贯穿整个过程的始终，这对管理者来说，可能是一个挑战。但是，帮助下属改进业绩是现代管理者所具备的素质修养，更是一种责任。

第三，绩效考核——关于业绩评价的沟通

一个考核周期终了，管理者与下属应进行面对面的沟通，对员工绩效作出评价。

如今，绩效管理中的绩效考核已不再是暗箱操作。因为在前面工作的基础上，员工工作的水平在绩效目标、平时的沟通、管理者的记录里已经得到了很好的体现，是这些因素决定了员工的绩效考核评价的高低，而非管理者。管理者只须保证其公平与公正即可。

绩效评价的面谈应注意：

（1）建立与维护彼此间的信任；

（2）清楚地说明面谈的目的；

（3）鼓励下属说话；

（4）认真倾听；

（5）避免对立与冲突；

（6）集中在绩效而不是性格特征；

（7）以事实与依据说话；

（8）着眼于未来而非过去；

（9）该结束时立即结束，以积极的方式结束面谈。

绩效管理的目的之一是要找出不足与改进的方向，因此，在绩效面谈中，管理者有必要对下属目标的完成情况进行“诊断”，找出可能妨碍被考核者实现绩效目标的问题，即发现绩效差的原因和征兆。一般从四个方面进行分析：

（1）知识

是否因为员工相关知识的不足影响到绩效的产出？是哪些知识上的不足？如何弥补？

（2）技能

是否因为员工技能的不足影响到绩效的产出？如何弥补？

（3）态度

是否因为员工态度的问题影响到绩效的产出？员工为什么会存在态度问题，深层次的原因是什么？可以改善吗？如何改善？

（4）外部障碍

是否因为外部条件的问题影响到绩效的产出？我们能改善吗？怎样改善？

第四、绩效反馈——关于业绩改进的沟通

绩效反馈的意义和作用：

（1）给员工正式的、定期的并且是记录下来的反馈信息；

（2）用于决定涨薪、晋升、降职、解雇等所需的信息；

（3）是下一绩效管理的绩效计划工作的基点；

（4）提供有关员工如何才能持续发展的信息。

绩效反馈主要是三个方面的工作：

（1）将考核结果与分配挂钩。首先与当期的奖金分配挂钩，持续表现情况还应与职位调整、薪酬升降挂钩。

（2）要考虑出下一阶段的改进点并制定改进计划，并纳入下一期绩效计划。

（3）要制定个人发展计划，并与培训计划结合起来。

个人发展计划主要包括的内容有：有待发展的项目、发展这些项目的原因、目前的水平和期望达到的水平、发展这些项目的方式、设定达到目标的期限等。

通过以上四步沟通的绩效管理过程，管理者能够很好地承担绩效管理的责任，扮演绩效管理者的角色，把帮助员工提高绩效能力的责任落到实处。实际上，在这个过程中，管理者和员工都在不同程度上获得了提高。更重要的是，绩效管理的不断循环必将带来组织绩效的持续提升。

二、绩效考核制度

1. 人员情况的掌握

员工到职时要建立人事档案，任职期间若有变动，要及时更正；深入了解员工的背景与专长，以便分配工作；定期适时与员工沟通，了解其近况；依照服装店管理体系作适当授权；善于利用奖惩权，体现公平原则，以公平公开的方式管理员工，避免让员工有受到不平等待遇的疑虑。

2. 服装店周期性工作的绩效考核

年度：按季进柜、改装陈列与装潢、打折特卖、教育训练等；

每月：业绩统计、货品盘点、排班分配等；

每日：开店、清洁、商品整理、销售业务统计、补货、打烊等。

对于人员的考核，可从其出勤及工作成果两方面的数据来评判，也可以对其营业成效、销售业绩、工作态度等方面定期加以考核，并将结果详细记录下来，作为日后员工升迁奖惩的依据。

3. 有效落实绩效考核

实施绩效考核不是一蹴而就的，必须要建立一套有效的绩效考核体系。因此，坚持全面、系统与辩证观念，切实把绩效考核落到实处，应该成为服装店开展绩效考核工作的基点。

（1）让绩效考核思想深入员工心中，消除和澄清对绩效考核的模糊及错误认识。

考核不是为了制造员工间的差距，而是实事求是地发现员工工作的长处及短处，以扬长避短。绩效考核要以尊重员工的价值创造为主旨，它是一种双向的交互过程。这一过程包含了考核者与被考核者的工作沟通。通过沟通，考核者把工作职责、目标以及工作价值观传递给被考核者，双方达成共识与承诺。考核是手段，不是目的。如果只想运用绩效考核来控制员工，往往令员工惊讶、反感和对抗。

（2）进行工作分析，制定出切实可行的考核标准。

通过调查问卷、访谈等方式，加强管理者与员工之间的沟通与理解，为每位员工做出工作职位说明书，让员工对自己工作的流程与职责有十分明确的认识，也使员工从心理意识上进入状态，准备接受考核。同时不同的岗位，不同的职责要求，不同的工作职位说明书，考核指标也应该有所不同。

（3）让价值评价体系成为价值创造与价值分配体系的中介。

价值评价作用的有效性，或者说价值评价要真正能发挥牵引和激发作用，必须要使价值分配杠杆的作用得到发挥，这是一个根本性的问题。价值分配不仅仅包括物质的分配，也包括挑战性工作岗位的分配、职位的晋升等。从现在的物质分配来看，主要有工资、奖金、福利津贴以及远期收入。在工资方面，要充分让个人的工作能力和绩效在工资的组成结构中占有合理的位置，并成为个人工资提高的主要因素。当然，更重要也是更主要的还是要加强工作本身的激励，要不断创造有挑战性的工作岗位并把它提供给有创造力、进取心的高绩效员工，给他们创造更大的职业生涯发展空间。

课后思考题

1. 简述服装店的人力资源结构规划步骤。

2. 试比较服装店中店和服装独立店在服装销售中的优势和劣势。

3. 简述参加店员应聘的应聘人员应该具备的素质。

4. 作为管理者，在录用应聘人选时应考虑的要素有哪些？

5. 简述服装店中店长的主要职责与权利范围。

6. 除了本文中所讲到的这些内容，你认为一位优秀的服装店店长还应具备哪些能力？

7. 简述店员的基本工作职责。

8. 结合你平时的购物经验，说说店员在接待顾客时的哪些行为举止可能招致顾客的反感，进而对服装店产生负面印象。

9. 你认为有哪些方法可以帮助服装店将店员所收集到的信息更快、更有效地传递到公司总部？

10. 你认为员工培训的必要性体现在哪些方面？

11. 在你日常的购物中,你所接触到的店员专业能力如何?你认为他们在专业能力的哪些方面还需要提高?

12. 除了文中所提到的培训方案,你认为还有哪些方法可以用在员工培训上?

13. 在服装店的经营中,员工绩效管理的意义是什么?

14. 简述绩效管理在执行中的四个环节。

“服装店面策划”作业实例

实例1 OMW店面策划书

一、OMW品牌服装店的商业模式

以女装的零售为主，直接面对终端消费者，在此基础上完善商品的纵向及横向深度，逐步实现商品种类的多样化、商品档次多样化的目标，从而吸引更加广泛的消费者。

二、目标市场定位分析

（1）经过市场调研及深刻分析，了解竞争对手，扬长避短。以后随着品牌店经营实力的增强、消费者的需求变化，再重新定位以提高其适应能力，发现新的市场机会。

（2）通过对细分市场的规模、发展潜力、市场竞争等进行评估，确定细分市场的可进入性及零售店的服务对象。

（3）做好针对年龄处于 18 ~ 28 岁的年轻女性的市场调研工作，最后总结归纳市场调研的统计数据及说明，可以给自己的品牌风格定位等提供充分的依据。

（4）明确品牌店的形象，确定目标顾客，对顾客的购买行为起到一个导航的作用。年龄处于 18 ~ 28 岁的年轻女性是我们主要的目标市场，这类人群具有很强的购买能力，她们往往强调个性化、时尚化的生活方式，每季购物频率较高，属于服装消费市场的主力军。通过市场调研工作统计细分市场的购买特点、评估市场机会。

（5）确定经营特色。根据此品牌店的经营优势，结合顾客需要确定此品牌店的经营特色，明确此品牌店在消费者心目中的位置。

（6）市场定位的宣传。此品牌店确定定位策略之后，其宣传工作或市场卖点设计应围绕定位而展开，加强此品牌店在消费者心目中的地位。

三、目标人群的分析

1. 人群定位：18 ~ 22 岁的年轻女性。细分可以分为三类：

（1）18 ~ 22 岁这部分女性一般情况下大多数属于大学在校学生，购买服装主要考虑的因素是款式和价格，对于服装的质量考虑不多，但不可忽视这部分人的购买能力，由于现在 18 ~ 22 岁的年轻学生大多数是独生子女，虽然自己没有稳定的收入，但有其父母强大的经济实力作为后盾，在服装上的消费能力是很大的，更有甚者一季度用于服装的开销在千元以上。

（2）23 ~ 25 岁这部分女性大多数已经离开学校，并且有了稳定的收入，在服装的选择上比在校生更加注重质量，而在价格上有了更大的承受能力，但因其社会角色的转变导致购物的频率降低和一次性购物消费量的上升，购买能力依然不可忽视。

(3)26 ~ 28岁这部分女性已经逐渐成家立业,收入水平又有所提高,对于服装价格有比较高的承受能力,更加注重服装的质量。

2. 价格定位:本品牌定位在高中档服装,因此价格定位不会过高,我们本着"高质量,低价位"的态度面对消费者,使大多数消费者都能在价格和风格上接受本品牌,从而使消费者满意本品牌,进而忠诚于本品牌。

3. 形象定位:本品牌服装形象定位为休闲风格。在紧张的生活节奏下,随着现代人对个性、自我意识及生活态度的不断追求和提高,休闲装已经不单纯是原始意义上的人们工作之余闲暇休息、游玩放松时的着装,本品牌以运动休闲、都市休闲为主,针对在校大学生以及追求时尚的青年男女为主要销售对象,以穿着与视觉上的轻松、随意、舒适为目的,外形自然,色彩搭配单纯明朗,具有明显的流行特征。

四、人流量分析

拿西安市小寨和东大街的人流量作为比较,这两个商业圈在西安市都属于人流量较大的商圈,东大街购物人群比较多元化,各式各样的人都很多,而小寨主要以学生为主。

五、商圈比较

西安市东大街有较好的发展前景,其一站式的购物环境(超市、餐饮、电影、小饰品等)与国际化购物广场逐渐接轨;小寨商圈人多,但存在修地铁造成交通不便利和重新规划的风险。东大街的交通十分便利,其主要的消费人群是年轻人,而且大家普遍认为东大街的服装比较有品位、品牌店多,更多喜欢品牌的和有档次的服装的消费者都会选择去东大街;小寨的衣服不仅流行而且价格也不是很贵,所以也很深受广大外地学生的欢迎。

六、品牌服装产品和形象定位

1. 服装定位:高级女装、休闲装

2. 风格定位:优雅,浪漫、可爱

3. 宣传形象手段:广告媒体、形象宣传册、网络

4. 广告词:OMW—— On My Way 走在自己的路上

5. 具体产品定位:

(1)从产品的结构上来说,为了满足各式各样消费者的需要,尽可能多的增加周边产品的种类,除女装之外,还应当零售例如服饰配件等周边产品以及女性消费者为追求时尚美而可能购买的一些商品,例如香水等。

(2)从产品的质量上来说,做同档次产品中质量最好的产品,因为这些产品比同档次质量偏差的产品更有利润,更具有竞争力。

(3)从产品档次上来说,要涉及偏高、中、低等各档次的产品,其具体依据以对消费者消费能力的调查结果为参考。

七、品牌服装产品的价格定位

以根据调查问卷统计大多数人能接受的品牌服装的价位同时参照所在商圈平均价位、盈亏平衡点预测等各种因素来确定。

八、品牌服装店面选址策划

1. 选址：西安市 东大街 骡马市商业步行街口

2. 面积：150 平方米

3. 店内风格：店内布置有自己独特的风格以突显品牌文化特色，品牌风格强烈，能体现品牌的完整文化和经营理念。

4. 销售分类：重点卖场

5. 经营主题分类：直营卖场

九、品牌服装店细节策划

1. LOGO 设计：OMW——On My Way（走在自己的路上）

（1）LOGO 设置在店面的中间墙面中央偏右部位。

（2）LOGO 设计见图一：分别是 LOGO- 标志背景色。

2. 灯光配置设计

（1）灯光的配置采用暖色系的白炽灯和固定设计的灯箱，另外在特殊的部位设置聚光灯和射灯，以凸显服装，来营造服装的卖场氛围。

（2）灯箱设置在卖场右侧。

（3）灯箱设计见图二：分别是灯箱—标志背景色反色。

3. 地板设计

（1）采用黑色光滑大理石。

（2）地板设计为图三。

4. 收银台设计

（1）采用白色光滑大理石，设置在卖场中央墙前。

（2）收银台设计见图四。

5. 试衣间设计：

（1）试衣间设置在卖场收银台墙面后方侧面，共有三间，以提升顾客的满意度和信誉度。

（2）试衣间设计见图五。

6. 货架设计

（1）货架衣杆高：1200mm

货架衣杆粗：50mm

货架衣杆底座宽：500mm

图一

图二

图三

图四

图五

（2）货架衣杆设置在卖场的边厅左侧和卖场边厅右侧。

（3）货架衣杆设计见图六、图七、图八。

7. 展示柜和储藏柜的设计

（1）展示柜分别放在厅的左侧墙面、展示区和主墙前方左侧。

（2）储藏室设置在试衣间的右侧里面、部分服装放置在灯箱下和展示柜下方。

（3）展示柜和展示台设计见图九、图十、图十一。

8. 服装的陈列和出样

陈列是商品无声的推销员，是展示服装的最直观的实物广告。巧妙的服装陈列对品牌形象和企业形象有识别和强化的作用，同时通过服装陈列创造良好的卖场销售环境。

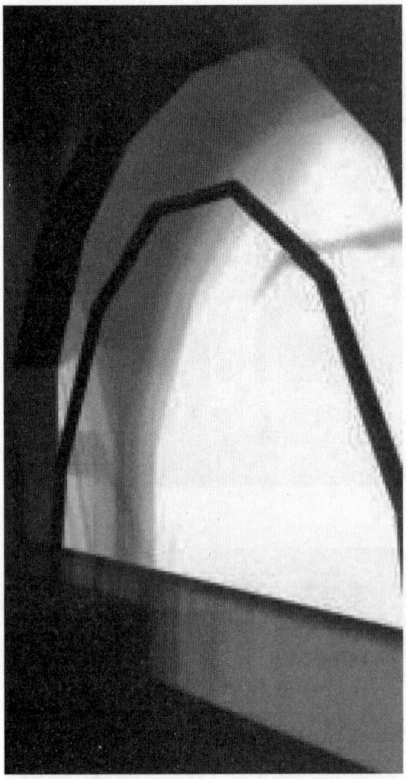

图六

图七

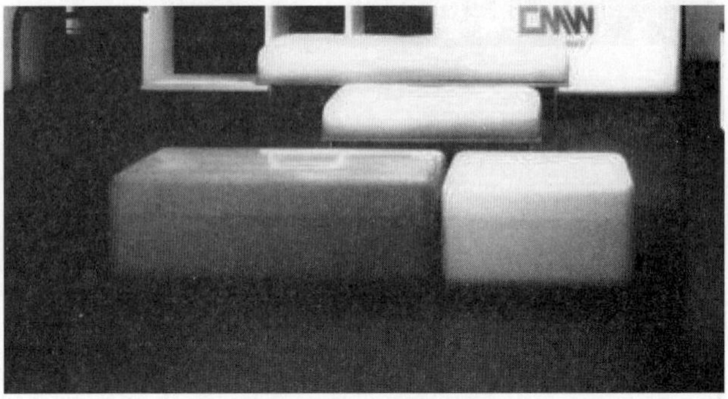

图八

图九

图十

图十一

十、品牌服装店面 效果图、平面图设计

↓

↓

↓

↓

↓

OMW品牌专卖店 设计图

——立体效果图

立体效果图一

OMW品牌专卖店 设计图

——立体效果图

立体效果图二

OMW品牌专卖店 设计图

——立体效果图

立体效果图三

OMW品牌专卖店 设计图

——平面效果图

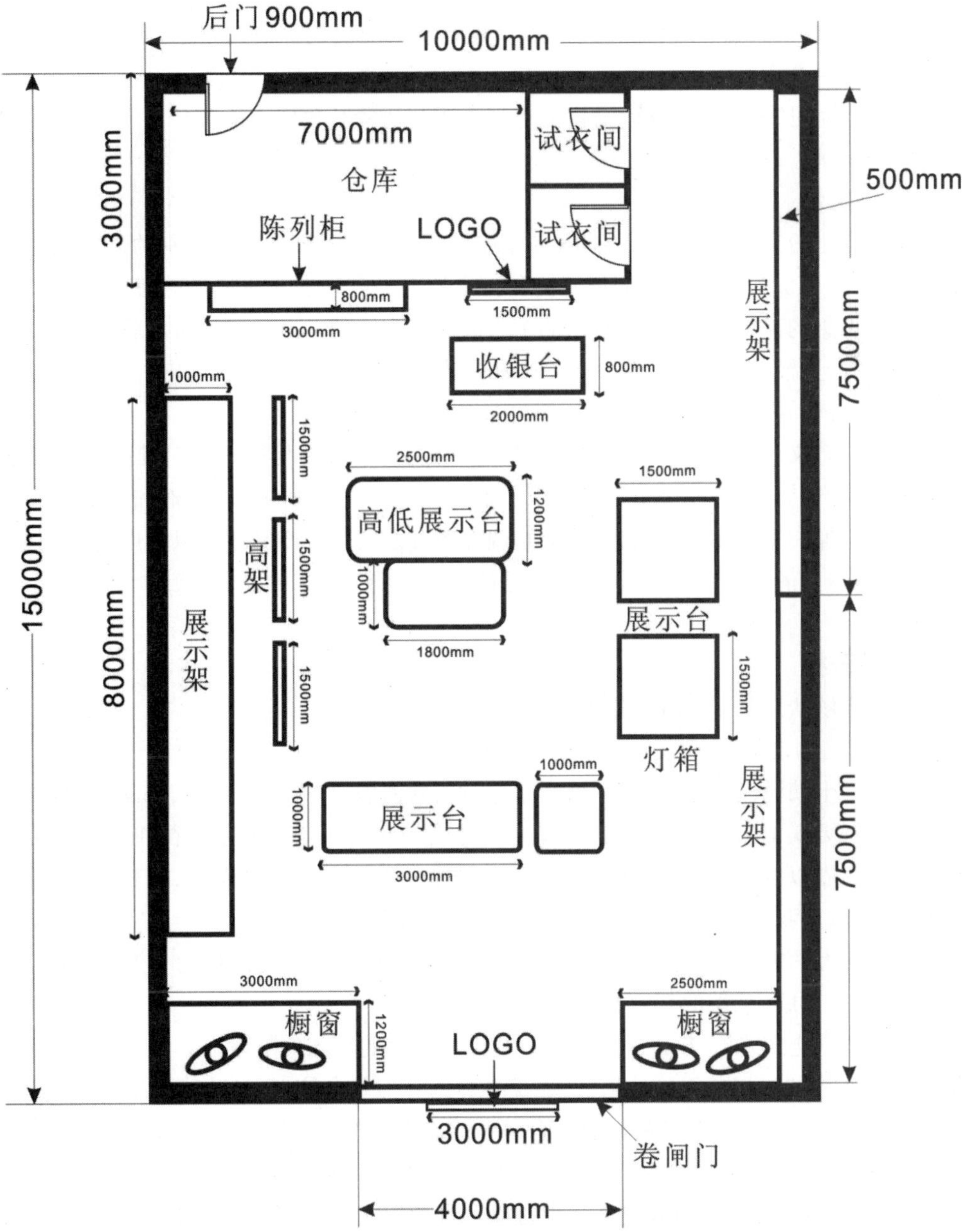

平面效果图

方案2　×××店面策划方案

×××是一个非常知名的品牌，一个具有悠久历史的品牌，价值过亿。如今的×××不再只是众多老字号故事中的一个，更是今天市场经济下“品牌经营”的代名词，所以进行品牌延伸策划时可采用原有商标，这样更有利于改变消费对象后的销售。

一、市场定位

主要针对的是有品牌意识的当代大学生。年轻一代的购买能力特别的强，对消费潮流有引导的作用，而大学生都能够更加便捷和自主的接受广告媒介所传播的信息，是新时代的新观点和新思想的先锋队，在加上自己的个人倾向和广告的一遍一遍的诉求就会使大学生原有的欲望膨胀，原没有的欲望也被一个一个制造出来。

重要促销手段：广告，人员推销，公共关系活动。

策划的意义：×××企业添加新的特色产品，可以改变目标顾客对其固定的印象，使目标顾客对其产品形象有一个重新的认识。这样可以扩大企业的市场份额和增加销售额，并且这里是新添加一个产品来吸收顾客，但是现在新开发的这个产品还可以为以前的产品积累忠诚的“×××”的品牌顾客，也扩大了自己的品牌影响力。

二、市场分析

当前市场状况及市场前景分析：

（1）产品的市场性、现实市场及潜在市场状况。

对大学生来说，越来越多的学生开始穿衬衣和西服，一个调查得出，75.4%的男同学在大四毕业前都要买衬衣和西服，24%同学则是在大一和大二就开始穿衬衣，而在大四的时候还要买新的衬衣以供人才招聘所用。如果可以先人一步抓住这些消费者，让其成为我们的忠实客户，那么以后我们的成人西服和衬衫就会有大量固定的客户。

而目前大学生穿的衬衣都是一些时尚概念的品牌服饰。如：高档的有杰克琼斯；中档有：以纯、美特斯邦威；低端的有：以之纯、真维斯。

（2）市场成长状况，产品目前处于市场生命周期的导入期阶段上。大学生对于衬衣需要符合的条件是：时尚华丽、设计精良、显示青春的魅力和自信，彰显独特的品味；但不羁不拘，舒适自在。而想真正把时尚和衬衣结合是一件非常艰难的事情，但对于卖成人服饰的企业来说，利益远远大于这个技术的支出成本。以同类产品以纯的良好业绩说明“×××”进入市场风险小，而其他品牌的衬衣要么缺少时尚和青春的元素，要么不能体现独特的品位和自信，从整体上看，这些品牌的衬衣大都在设计和质量上都没有符合大学生的需求，但价格对学生来说都普遍认为可以接受。

(3)消费者的接受性。对即将毕业的大学生来说,都会改穿正装(衬衫和西服),但他们又不是很喜欢非常正式的衬衣,所以此时是一个进入和抓牢消费者的机会,无论现在的衬衣还是以后的衬衣,此类消费者大都会成为 ××× 品牌的忠实顾客。而对于刚入学的大学生来数,穿衬衣很酷,很有精神和气质,白色的衬衣穿上犹如天使,深色的衬衣穿上变得成熟。

宏观环境:

(1)美国不需要制造只需要经营品牌就可以创造出价值,而在中国,制造业兴旺,但制造的商品却挂的是美国品牌。"中国制造"是中国经济发展的过程,而不是终点。制造业是中国经济发展的策略,是权宜之计,而不应该是中国经济发展的战略。像肯德基、可口可乐这样的外国企业都是以品牌的价值在盈利,对于 ××× 这个以其独特的品牌经营模式被业界誉为"中国的耐克"的企业,在这个方面如果只是关注在成人的服饰市场里是一个等待顾客的战略,我们的发展是积极地寻找消费者,扩大自己的市场份额,才能真正成为"中国的耐克"。

(2)但是对于现在纺织业大洗牌后市场利润更低的现状,加上劳动力成本的不断攀升,使中国的本国企业在生与死的边缘徘徊,要想有出路必须改革。

政治环境:

中国现在的"两税合一"和取消最优特权的政策使得本土企业有了一些更好的发展空间和环境。

居民经济条件:

(1)消费者收入水平

大学生的经济情况视家里环境而定,对衣服的价格比较敏感。

(2)消费结构的变化和消费心理

大学生对衣服的购买看重的是产品的品牌价值即更深层次的心理需求,其次是质量。对衬衣而言要凸显自信,体现男人的成熟但不落时尚,彰显独特的品味,而这些都是深层次的需求;其次才是质量,要求面料质地优良、透气舒适,不易褶皱、变形。

三、营销目标

营销目标是在前面目的任务基础上公司所要实现的具体目标,即营销策划方案执行期间,经济效益目标达到:总销售量,预计毛利,市场占有率。

四、营销战略(具体营销方案)

1. 目标市场:本公司的产品销售对象主要针对有品牌意识的属于中高档层次的当代大学生。

2. 定位:中国青春时尚衬衣市场的先驱者和领头羊。

3. 产品分析

（1）产品特性（共性）：××× 品牌青春时尚衬衣生产材料为涤棉织品，通常采用 35% 的棉与 65% 的涤混纺。其具有以下主要特性：这种织物主要采用高支纱平纹组织织成。涤棉布俗称“的确良”，它既保持了涤纶纤维强度高、弹性恢复性好的特性，又具备棉纤维的吸湿性强的特征，易染色、洗后免烫快干。涤棉布品种规格较多，有原色布、色布、印花布及色织布等。

（2）产品种类：××× 品牌青春时尚衬衣的种类包括：深色正装衬衫、浅色休闲衬衫、商务衬衫以及阳光保暖衬衫等不同款式类。

4. 分销

衬衫的销售在 ××× 品牌已有三种很成熟的经营模式：百货商店、专卖店和折扣商场。但由于消费对象是青年大学生，那 ××× 青春时尚衬衣的选址会尽量在学校旁边建立专卖店和在附近的百货商场设立专卖柜，进行销售。尽量与中低档的服装店在一起，凸显我们的优势来淡化我们的劣势。

5. 广告

由于目前我国大学生上网的时间和看电视的时间基本持平。所以我们选择在网络上和电视上发布广告的两种方式。

我们的劣势在于 ××× 品牌非青春时尚形象，需转变观念。所以广告是成功的关键一步，一个好的创意广告可以创造一个闻名于世的品牌，一个平庸的广告不但不会促进销售并且还会影响 ××× 的品牌形象。

6. 消费对象的特点

（1）个性：追求时尚，喜欢凸显自己的独特个性，对色彩较为敏感，对衣服的质量和舒适度比较看重。

（2）经济：经济情况视家里环境而定，对衣服的价格不是很敏感。

（3）购物习惯：购物地点一般是专卖店和商场，购物一般是成群集队，容易受外界媒体和舆论的影响。如：一个同学买了一件好看的衣服，另外的同学也会有意无意的关注并购买。

（4）穿着习惯：一般的大学生习惯于穿运动装，因为 T 恤相对舒适和方便，洗涤也非常方便。

属性：××× 企业，高品质，精心设计；华丽时尚，符合青春的气息；面料质地优良、透气舒适，不易褶皱、变形。

利益点：设计，时尚元素，衬衣的优势。

价值：有气质的，有品味的，有个性的、舒适的。

人性化：品牌的，个性的，有品味的，舒适的，不羁不拘。

五、店面构成

1. 店面形象

体现时尚华丽、设计精良、显示青春的魅力和自信，彰显独特的品味；不羁不拘。

2. 店面方位选择

地点：西安东大街

地点原因：东大街是西安多数大学生的课余购物领域，而这里档次不高但也不是很低，刚好符合现在大学生的消费心理，另外东大街人流量也大。

市场原因：对即将毕业的大学生来说，都会改穿正装（衬衫和西服），但他们又不是很喜欢非常正式的衬衣，所以此时是一个进入和抓牢消费者的机会，无论现在的衬衣还是以后的衬衣，此类消费者大都会成为 ××× 的忠实顾客。

3. 店面宣传方案

品牌自身广告效应是一点，另外还配合做大学校园宣传活动。

4. 卖场构成设计

(1)贷架

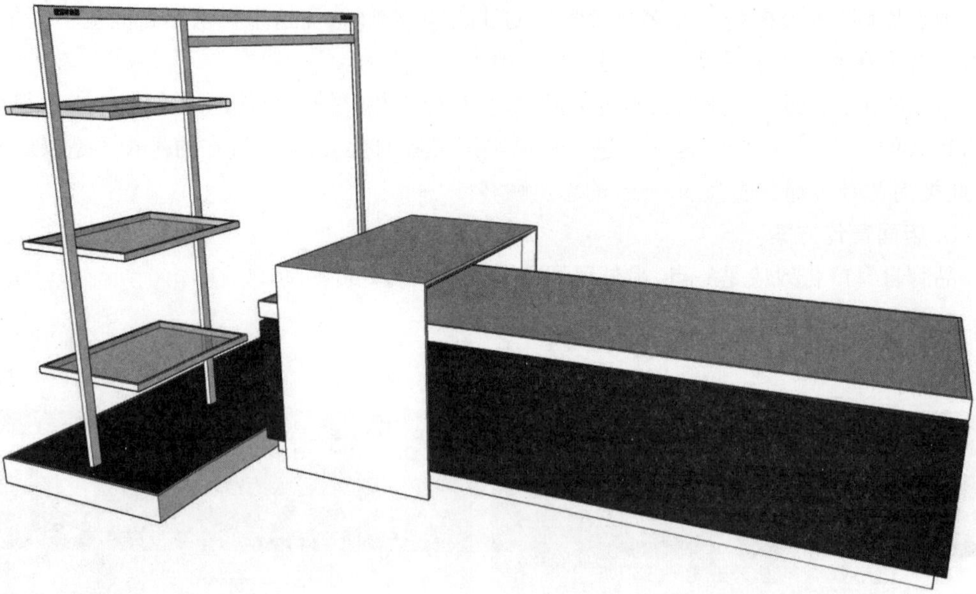

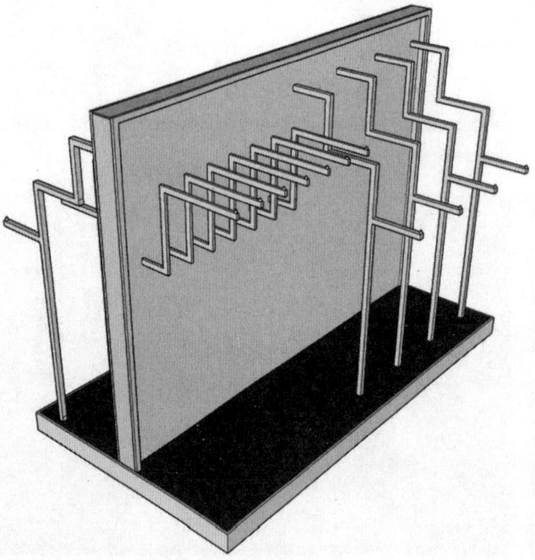

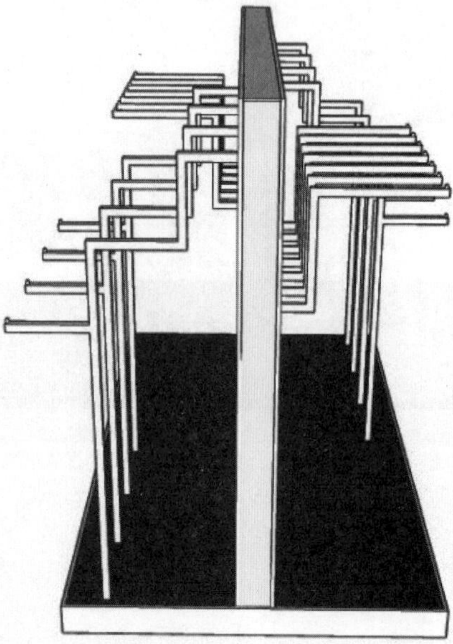

(2)平面设计图

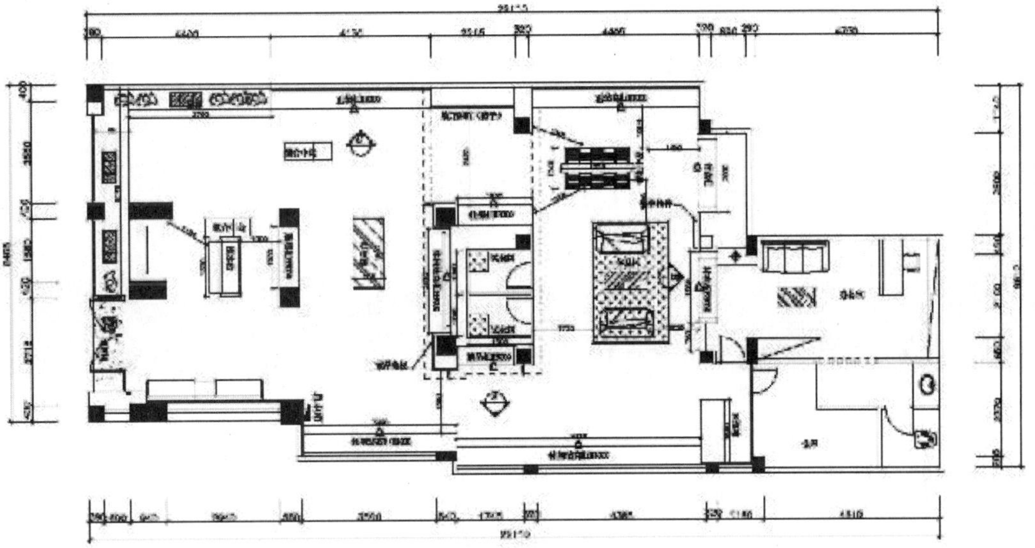

(3)卖场地砖设计

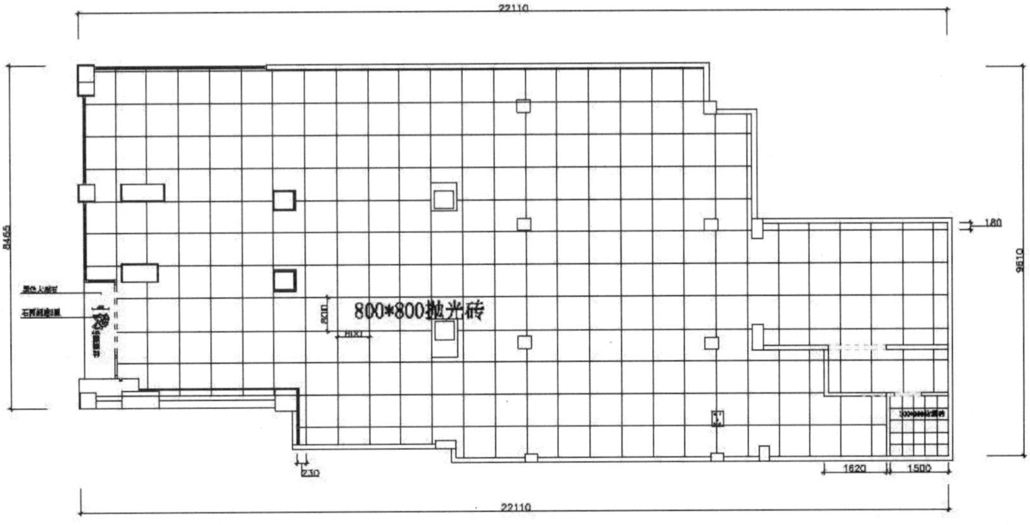

（4）店面陈列展样

六、卖场投资预算

专卖店面积300平米

卖场装饰项目名称	具体数量	单位（元）	费用合计（元）
1.高架（衣裤）	12个	2000	24000
2.低架(精品台，流水台) 赠品活动柜	2个 3个	1000 500	2000 1500
3.展示台 组合中岛 裤柜中岛	2组 2个 2个	3000 1000 1000	6000 2000 2000
4.收银台	1个	1500	1500
5.模特	8个	300	2400
6.衣架	1000个	4	4000
7.灯箱	2个	2000	4000
8.灯具（300平米）			3000
9.试衣间	2间	1500	3000
10.电脑 液晶电视	2台 1台	4000 3000	8000 3000
11.地板（300平米）			20000
12.各种道具			2000

（续表）

卖场装饰项目名称	具体数量	单位（元）	费用合计（元）
13. 墙面			8000
14. 储存室	1	1000	1000
15. 办公室			
沙发	1个	500	500
办公椅	1个	200	200
办公桌	1个	400	400
16. 休息区			
沙发	2个	500	1000
桌子	1个	300	300
17. 卫生间			
洗手台	1组	1000	1000
马桶	1组	300	300
18. 形象			2000
19. 日常，水电	1年	10000	10000
20. 折旧费			50000

预算合计：163100元

策划完成日期：2013 年 1 月 20 日

本策划适用时间段：2013 年 1 月至 2014 年 12 月

参考文献

[1] 吴卫刚. 服装开店指南. 北京: 化学工业出版社，2007
[2] 樊丽丽. 服装零售与服装店经营全攻略. 北京: 中国经济出版社，2010
[3] 王禧. 服装店面管理. 北京: 化学工业出版社，2008
[4] 徐海军. 服装店经营手册. 北京: 中国宇航出版社，2006
[5] 姜旺生，张福良，杨来瑞. 服装生产现场管理. 北京: 中国纺织出版社，2006
[6] 刘国联. 服装厂技术管理. 北京: 中国纺织出版社，1998
[7] 张一帆. 服装零售系统构建于应用实证研究. 上海: 东华大学硕士论文，2007
[8] 孙雪飞. 服装展示设计教程. 上海: 东华大学出版社，2008
[9] 徐海军. 服装店经营手册. 北京: 中国宇航出版社，2005